걱정에게 먹이를
주지 마라

TADASHIKU NAYAMU GIJUTSU :「NANTONAKU…TSURAI」ANATA O SUKU
HINTO by Takashi Sugita
Copyright © Takashi Sugita 2011
All rights reserved.
Original Japanese edition published by JITSUMUKYOIKU-SHUPPAN Co., Ltd.

This Korean language edition published by arrangement with
JITSUMUKYOIKU-SHUPPAN Co., Ltd., Tokyo
in care of Tuttle-Mori Agency, Inc., Tokyo, through JM CONTENTS AGENCY CO.,
Seoul

유리멘탈에서 강철멘탈로 거듭나는 방법

# 걱정에게 먹이를 주지 마라

**스기타 다카시** 지음 | 양필성 옮김

Don't feed your worries

한밤의책

# 걱정이라는 괴물과 싸우는 법

저는 심리상담가 스기타 다카시입니다. 의뢰인의 고민을 들어주고, 그가 스스로 길을 찾을 수 있도록 용기를 북돋아 주는 일을 하지요.

그러나 이런 직업에 어울리지 않게, 한때 저는 방 안에 틀어박힌 채 술만 마시며 폐인 같은 삶을 살던 사람이었습니다. 흔히 '은둔형 외톨이'라고도 부르지요. 저는 그 때문에 30대 중반이 다 되도록 변변한 일자리 하나 구하지 못했고, 나날이 망가지고 좁아져 가는 인간관계 때문에 스트레스를 받곤 했습니다. 그때는 정말, 하루하루 삶을 이어나가는 게 너무나도 힘들다는 생각뿐이었습니다. 그랬던 제가 지금은 되레 남들을 돕는 심리상담가가 되어 있다니, 세상일은 참 알다가도 모를 일이죠.

한창 괴로운 시기를 보낼 때, 저는 밝고 활기차게 사는 사람들을 정말 부러워했습니다. 날 때부터 밝은 성격을 가지고 태어나, 좋은 부모 밑에서 사랑받으며 자랐으니 저렇게 걱정 없이 지낼 수 있는 거라고 질투하기도 했습니다. 그와 동시에 그토록 아무런 걱정도 없이, 아무런 고민도 없이 명랑하고 행복하게 살아갈 수 있는 비결이 무엇인지 궁금해하기도 했죠.

그러다 주변의 권유로 받게 된 난생 첫 심리 상담에서, 저는 그동안의 생각이 틀렸다는 사실을 깨닫게 되었습니다. 행복한 사람과 불행한 사람의 차이는 '**걱정이 있느냐 없느냐**'가 아니었습니다. 이들의 진짜 차이는 '**걱정을 키우느냐 키우지 않느냐**'였습니다.

살다 보면 누구나 크고 작은 문제를 마주합니다. 아무런 문제도 겪지 않는 사람은 단언컨대 없습니다. 돈이 많든 적든, 얼굴이 잘생겼든 못생겼든, 인기가 많든 적든, 사람은 누구나 자기만의 이유로 나름대로 고민을 끌어안은 채 살아가고 있습니다. 여러분의 친구나 동경하는 유명인도 그렇습니다. 똑똑하다고 소문이 난 사람들, 명예와 권력을 가진 사람들도 마찬가지입니다.

그러나 똑같이 문제를 겪으면서도 어떤 사람은 가슴 졸이고 발을 동동 구르며 스트레스를 받는 한편, 어떤 사람은 무던하고 시원스럽게 웃어넘깁니다. 왜 이런 차이가 생기는 것일까요? 힘들고 괴로운 문제와 맞닥뜨리면서도 그것에 휘둘리지 않고 삶의 중심을 잡으며 일상을 유지할 수 있는 비결은 과연 무엇일까요?

심리상담을 받으면서, 그리고 나아가 심리상담가가 되기 위한 공부를 하면서, 저는 다음과 같은 결론에 이르렀습니다. **'처음부터 커다란 문제가 나를 덮쳐 왔던 게 아니라, 내 스스로 걱정을 키워 왔던 게 아닐까?'**

실로 그렇습니다. 그동안 제 걱정에게 먹이를 주어 피둥피둥 살찌게 만들었던 범인은 바로 저였습니다. 그렇게 자라난 걱정이 저를 짓누르고 있는지도 모르고 말입니다.

자기 나름의 문제와 고민을 가지고 있으면서도, 걱정 때문에 마음을 졸이거나 속을 태우지 않는 사람들에게는 한 가지 공통점이 있습니다. 바로 걱정에게 아무런 관심을 주지 않는다는 것입니다. 그것이 쓸데없는 일이라는 사실을 알기 때문입니다.

비유하자면 걱정이란 마치 우리를 그림자처럼 졸졸 따라다니는 먹보 괴물과 같습니다. 이 괴물은 식탐이 아주 강해서, 먹이를 주는 사람을 계속해서 쫓아옵니다. 먹이를 받아먹을수록 몸집도 커지고 육중해져서, 나중에는 먹이를 준 사람을 깔아뭉개버리죠.

걱정이라는 괴물은 생명력이 무척 강합니다. 한동안 먹이를 주지 않아서 이제는 사라졌겠지 싶은 순간, 조금만 먹이를 주면 다시 불사신처럼 살아나 우리를 덮칩니다. 아무리 머리가 좋고 힘이 세고 능력이 출중한 사람이라도, 되살아난 걱정을 제압하는 것은 결코 쉬운 일이 아닙니다.

그래서 걱정을 잘 통제하는 사람은 이 괴물에게 먹이를 주지 않습니다. 군침을 흘리며 달려드는 걱정을 억지로 쫓아내려 하는 대신, 작고 허기지게 만들어서 아무런 힘도 쓰지 못하게 만들죠.

물론 그런다고 걱정이라는 괴물이 사라지는 것은 아닙니다. 하지만 그 힘은 아주 약해지겠죠. 마음속에서 난동을 부리고 소란을 피운다고 해도, 나의 일상이 전혀 흔들리지 않을 정도로 말입니다. 이렇게 되면 어떤 문제를 마주하더라도 이 괴물에게 시달리며 마음고생할 일이 없습니다.

요컨대 걱정은 없애버릴 수 없습니다. 그러나 키우지 않을 수는 있습니다. 세상에 아무런 걱정도 없는 사람은 없습니다. 다만 그 걱정이 나를 깔아뭉개지 않도록 통제하고 길들이는 사람이 있을 뿐입니다. **쓸데없는 걱정에 소비하는 마음의 에너지를 줄임**으로써 말입니다.

이것이 바로 제가 이 책을 통해 전하고자 하는 주제입니다. 저는 무조건 "걱정하지 말자"라거나 "긍정적으로 생각하자"라고는 말하고 싶지 않습니다. 그것이 불가능하다는 걸 겪어봐서 알기 때문입니다. 대신 저는 걱정이란 언제나 우리 곁에 있음을 전제하고, '제대로 걱정하는 방법'에 관해 이야기하려 합니다.

늘 앞을 가로막는 걱정과 고민 때문에 의기소침한 분들이라면 이 책을 꼭 읽어 주시기 바랍니다. '이제 와선 이미

늦었다'라거나, '난 원래 우울한 사람이야'라고 생각할 필요 없습니다. 저 역시 성인이 되고 한참이 지나서야 제대로 걱정하는 방법을 터득했고, 그 결과 지금처럼 즐겁고 평화로운 삶을 살게 되었습니다. 그러니 여러분도 전혀 늦지 않았습니다.

제 의뢰인들뿐만 아니라 저 또한, '제대로 걱정하는 방법'을 배움으로써 자신을 괴롭히던 감정들이 서서히 옅어지는 것을 느꼈습니다. 또한 힘든 일이 생겨도 좌절하지 않고 일상을 유지하는 힘을 갖게 되었습니다. 부디 제가 지난 몇 년간 느껴왔던 희망과 후련함, 그리고 개운함을 여러분도 함께 느낄 수 있었으면 좋겠습니다.

그럼 지금부터 함께 '걱정에게 먹이를 주지 않는 방법'에 대해 배워 볼까요?

# 차례

## 1장  걱정에도 공식이 있다

# 2장 잡생각에 먹이를 주지 마라

# 3장 갈등에게 먹이를 주지 마라

## 6장 편견에게 먹이를 주지 마라

## 7장 걱정으로 내 배를 불리는 법

# 걱정에도
# 공식이 있다

# 학교에서는 못 배우는
# 걱정 해결법

**아직도 고민에 주먹구구로 대처하는 당신에게**

걱정거리가 있을 땐 무엇을 해야 할까요? 선뜻 대답하기 쉽지 않죠? 그러면 질문을 바꿔 봅시다. 걱정거리가 있을 때, 당신은 무엇을 하나요? 친구를 찾아가 상담하는 사람도 있고, 취미 활동으로 기분 전환을 하는 사람도 있겠죠. 잠을 자면서 잊어버리려 하는 사람도 있을 것이고, 어쩌면 술을 진탕 들이붓는 사람도 있겠네요. 요컨대 우린 고민을 해결하기 위한 정답을 알진 못해도, 막상 고민이 생기면 자기 나름대로 대처하고 있습니다.

우리가 고민에 '나름대로' 대처하는 이유는 걱정이나 고민을 다루는 법에 대해 '제대로' 배운 적이 없기 때문입니다. 학교에서도 가정에서도, '걱정이란 무엇인가?', '고민은 왜 생기는가?', '걱정거리가 생기면 어떻게 해야 하는가?' 같은 구체적인 내용은 배운 적이 없습니다. 그야말로 여기저기서 어깨너머로 보고 배운 대로 대처하는 게 고작인 셈이죠.

물론 그 방식이 잘 통한다면 아무런 문제가 되지 않을 겁니다. 문제는 이런 식의 방법이 잘 통하지 않을 때입니다. 그렇게 되면 지극히 사소한 고민마저도 흘려보내지 못한 채 고스란히 떠안게 되고, 결국 평범한 일상을 살아가는 것마저 힘에 부치게 됩니다. '걱정거리를 제대로 다루는 방법'을 모른다면, 아무리 시간이 흘러도 통하지 않는 해결책을 붙들고 괴로운 나날을 보낼 수밖에 없습니다.

이 책은 바로 그런 사람들을 위한 책입니다. 저는 이 책에서 학교나 가정에선 가르쳐주지 않는, 걱정과 공존하는 기술을 차근차근 설명해 드리고자 합니다. 해결되지 않는 고민을 떠안은 채 힘겨운 나날을 보내고 있는 당신에게 말입니다.

물론 사람마다 성격과 처지가 다르니만큼, 모든 사람의 고민에 일일이 솔루션을 제시하기란 불가능한 일일 것입니다. 하지만 기본적인 메커니즘은 배울 수 있겠죠. 예를 들어 학교에서 지진 대피 요령을 가르칠 때, 네모난 탁자 밑에 숨어야 할지 동그란 탁자 밑에 숨어야 할지 등의 사소한 내용은 가르쳐 주지 않습니다. 그냥 탁자 밑에 숨어서 머리와 몸을 보호하라고만 가르쳐 주죠. 기본을 잘 알고 있으면 상황에 맞게 적용할 수 있으니까요. 제가 여러분에게 드리고자 하는 가장 기본적인 요령은, 바로 **공식을 통해 고민을 정리해 보라는 것**입니다.

# 올바르게
# 걱정하는 공식

02

## 고민은 욕구의 충돌이다

우선 고민이라는 게 과연 무엇인지부터 이야기해 봅시다. 고민은 의식과 무의식이 서로 충돌해 발생한 갈등입니다. 어렵죠? 조금 더 풀어서 설명해 보겠습니다. 우리에겐 수많은 욕구가 있습니다. 그중에는 내가 무엇을 원하는지 자각하고 있는 욕구도 있고, 내가 무언가를 원하고 있다는 사실조차 미처 깨닫지 못한 욕구도 있습니다. 이 중 전자가 의식, 후자가 무의식입니다. 즉, **고민이란 드러난 욕구와 숨겨진 욕구 사이의 충돌**입니다.

걱정에게 먹이를 주지 마라

예를 들어 볼까요. 더 좋은 회사로 옮기고는 싶은데, 정작 아무런 노력도 하지 않는 자신의 게으름이 고민인 사람이 있다고 합시다. 이 사람은 지금 당장이라도 지금의 회사를 때려치우고 싶어 합니다. 짜증 나는 상사 때문에 견디기도 힘들고, 급여도 적고, 새로운 일을 하고 싶은 마음도 있습니다. 그런데도 이직을 위한 노력을 하지 않는 겁니다. 그러는 새에 시간은 하루하루 흘러만 가고요. 이런 사람의 마음속에선 무슨 일이 일어나고 있을까요?

이 고민을 잘 들여다보면 의식과 무의식이 서로 다른 방향을 가리키고 있음을 알 수 있습니다. 의식에서는 '이직하고 싶다'라고 생각하지만, 무의식에서는 '이직하고 싶지 않다'라고 생각하고 있는 겁니다. 구체적인 이유는 여러 가지겠죠. 이직에 성공할 수 있을지 없을지 불확실하다든가, 현재 직장보다 출퇴근이 불편하다든가…. 어쨌든 요점은 드러난 욕구와 숨겨진 욕구가 서로 충돌하고 있다는 것입니다. 이를 공식으로 정리해 보면 다음과 같습니다.

사람마다 복잡하고 다양하기 그지없는 가지각색의 고민도, 대부분 이 공식으로 설명할 수 있습니다. 소심한 성격이 고민인 사람은 '지금보다 더 적극적으로 행동하고 싶다'라는 드러난 욕구와 '적극적으로 행동하는 건 부담스러워서 싫다'라는 숨겨진 욕구 사이에서 갈등하는 것이고, 가족과의 다툼으로 고민인 사람은 '가족과 싸우고 싶지 않다'라는 드러난 욕구와 '가족의 말이나 행동을 참을 수 없다'라는 숨겨진 욕구 사이에서 갈등하고 있는 겁니다.

이처럼 대부분의 고민은 '상반된 두 욕구의 충돌'이라는 명료한 형태로 정리할 수 있습니다. 물론 당장은 와닿지 않을지도 모릅니다. 자신에게 그런 숨겨진 욕구가 있다는 사실을 받아들이기 어렵거나, 이해가 되지 않을 수도 있죠. 하지만 그 역시 자연스러운 일입니다. 원래 무의식에서 일어나는 일은 스스로 알아채기가 어려우니까요. 의식이 수면 위를 유영하는 오리떼라면, 무의식은 호수 바닥을 기어 다니는 가재라고나 할까요.

하지만 스스로 자연스럽거나 당연하다고 생각하던 것을 의심해보는 시도도 필요합니다. 인간의 마음이란 자신도 미처 알아채지 못할 만큼 다방면으로 뻗어나가기 마련이니까요. 우리가 스스로 의식할 수 있는 건 그중 일부에 불과합니다. 당신도 모르는 사이에 당신의 마음속에서는 한바탕 전쟁이 벌어지고 있었을지도 모릅니다.

이렇게 고민의 실체와 마주하고 그 정체를 파악하는 것만으로도 마음은 제법 편해집니다. 만약 당신에게도 고민이 있다면, 그 고민을 이 공식에 맞추어 정리해 보세요. 심각하고 복잡하게 느껴지는 고민이라도, 의외로 간단한 문제였다는 사실에 놀랄 것입니다.

# 대책 없는 긍정은
# 오히려 독이다

**03**

### 누구나 아는 해결책은 해결책이 아니다

물론 이것만으로는 고민이 해결되지 않습니다. 고민의 공식을 통해 알 수 있는 건 고민의 정체일 뿐, 해결 방법은 아니거든요. 상반된 두 욕구가 충돌하고 있다는 사실을 머리로는 알고 있어도, 둘 중 하나를 선뜻 포기하기란 결코 쉬운 일이 아닙니다.

책이나 인터넷에서 흔히 찾아볼 수 있는 원론적인 조언이 고민 해결에 아무런 도움도 되지 않는 이유가 바로 이것입니다. "요즘 생각이 너무 많아져서 아무것도 못 하겠어요"라고 고민을 토로하는 사람에게 "너무 깊이 생각하지 말고 뭐든 시도해 봐"라고 조언하는 건, "이 옷도 사고 싶고 저 옷도 사고 싶어"라고 말하는 연인에게 "그냥 아무거나 사"라고 말하는 것과 같습니다. 이렇게 말하면 상대방의 기분만 언짢게 할 뿐, 아무런 도움도 줄 수 없죠.

사실 미디어에서 고민과 걱정에 관한 내용을 다루는 방식이 대부분 이런 식입니다. '긍정적으로 생각하고 행동하라!' 혹은 '사소한 일에 너무 끙끙 앓지 마라' 등의 원론적인 행동 원칙만을 강조하고 있죠. 그걸 누가 모르겠습니까? 모든 사람이 아는 해결책은 아무것도 해결해 주지 않는 법입니다. 다른 한편으로는 뭐든지 '지금 이대로도 괜찮아'라고 말하는 사람들도 있습니다. 이쪽도 그리 큰 도움이 되지 않는 건 마찬가지입니다. 애초에 고민이 있다는 것 자체가 '내게 뭔가 채워지지 않는 욕구가 있다'라고 느낀다는 것인데, 이런 마음을 들여다보지 않은 채 무턱대고 '괜찮아'라는 말을 들어봤자 고민은 풀리지 않습니다.

그래서 이 책에서는 다음과 같은 세 가지 규칙을 지키고자 합니다.

하나, 원론적인 행동 원칙만을 강조하지 않는다.

둘, 모든 욕구를 긍정하려고만 하지 않는다.

셋, 누구나 따라할 수 있는 방법을 다룬다.

앞서 말했듯 원론적인 이야기나, 근거 없는 무조건적 긍정법은 별로 도움이 되지 않을뿐더러, 따라 하기조차 쉽지 않습니다. 그런 내용으로 페이지를 채워 봤자 쓸모가 없죠. 그렇기에 이 책에서 저는 글을 읽는 여러분이 쉽게 실천할 수 있는 것만 최대한 골라 담으려 애썼습니다. 더불어 사람들이 흔히 겪는 고민을 다섯 가지 유형으로 정리하고, 그에 걸맞은 구체적인 힌트를 제시하려고 합니다. 이 다섯 가지 유형은 다음과 같습니다.

첫째, 쓸데없는 잡생각에 끙끙 앓을 때.

둘째, 타인과의 갈등이 잘 풀리지 않을 때.

셋째, 무엇을 해야 할지 몰라 불안할 때.

넷째, 자기 자신이 못나게 느껴질 때.

다섯째, 나도 모르게 굳어진 고정 관념에 갇혔을 때.

걱정에게 먹이를 주지 마라

이 장을 마무리하며 마지막으로 한 가지 당부하고자 합니다. 이 책을 정말 100%, 아니 그 이상으로 활용하고 싶다면, 이 책에 쓰여 있는 내용을 줄줄 읽는 것만으로는 부족합니다. 여러 번 읽다 못해 아예 달달 외운다 해도 마찬가지일 겁니다. 그럼 어떻게 해야 할까요?

바로 이 책과 끊임없이 대결해야 합니다. 이 책에 쓰여 있는 내용을 당신이 겪었던 상황과 당신이 느꼈던 감정, 당신이 알고 있는 지식 등과 계속해서 견주어 보는 것입니다. 이를 통해 여러분은 새로운 깨달음을 얻을 수도 있고, 자기도 모르게 고수하고 있던 고정관념을 깨부수게 될 수도 있으며, 실천을 향해 강한 의욕을 불태우게 될 수도 있습니다. 어쩌면 저도 떠올리지 못했던 참신한 아이디어를 스스로 발굴해낼 수도 있겠죠. 이런 깊은 생각의 과정이야말로 이 책을 120% 활용하는 법입니다. 책이라는 망치를 통해 얼어붙은 내면의 바다를 깨부수라는 프란츠 카프카의 말처럼 말입니다.

아무쪼록 이 책을 읽으면서 당신의 머릿속에 떠오르는 내용을 몸으로 직접 느끼고 맛보길 바랍니다. 책을 통해 삶을 보면서, 동시에 삶을 통해 책을 보는 겁니다. 아무리 생각해도 이 내용은 동의하기 어렵다는 생각이 든다면, 그 부분은 그냥 무시해버려도 좋습니다. 하지만 그런 결론에 이르게 된 생각의 과정을 꼭 말이나 글로 정리해 보셨으면 합니다.

자, 그럼 본격적으로 '걱정과 공존하는 기술'에 대해 이야기해 볼까요?

# 2장

# 잡생각에
# 먹이를 주지 마라

# 통제할 수 없는
# 문제는 내버려 둬라

## 황제에게조차 해결할 수 없는 문제가 있다

저는 한때 온갖 걱정거리를 지레 끌어안고 사는 사람이었습니다. 다른 사람의 표정이나 행동 하나하나에 예민하게 반응하며 혹시라도 저 사람이 나를 싫어하는 것은 아닐까 전전긍긍하기도 했고, 자신을 항상 다른 이들과 비교하며 제 능력이 남들보다 부족하진 않은지 신경 쓰기 바빴습니다. 심지어 '고민을 멈추면 나쁜 일이 생길지도 몰라'라거나 '미리 걱정해 두면 안 좋은 일이 생겼을 때 충격을 덜 받을 거야'라는 생각까지 하면서 말입니다.

그러던 어느 날, 고대 로마 제국의 황제 마르쿠스 아우렐리우스가 직접 썼다는 책 《명상록》에서 이런 구절을 읽고 정신이 번쩍 들었습니다.

> "내가 통제할 수 있는 것은 집중하고, 통제할 수 없는 것에는 미련을 두지 않아야 한다. 이 둘 사이를 구분하는 것이 진정한 힘이자, 지혜이다."

앞서 말했듯 마르쿠스 아우렐리우스는 로마 제국의 황제였습니다. 넓디넓은 지중해 전역을 통틀어 가장 강대한 부와 권력을 가지고 있었던 사람에게조차 어쩔 수 없는 문제가 있었던 것입니다. 그런 사실을 깨닫고 나자 그간 내 힘으로 해결할 수 없는 문제를 끌어안고 끙끙거렸던 자신의 모습이 바보처럼 느껴졌습니다. 저는 황제도 뭣도 아닌 일본의 평범한 소시민일 뿐인데 말이죠. 곧바로 웃음이 터져 나왔습니다.

이처럼 사람들은 자기 힘으로는 어찌할 도리가 없는 문제를 끌어안고 고민하는 경우가 많습니다. 그것도 생각보

걱정에게 먹이를 주지 마라

다 자주요. 예를 들어, '주위 사람들이 어떻게 생각할지 걱정이다'라는 고민이 있다고 해 봅시다. 사실 이런 고민은 애당초 고민거리조차 될 수 없습니다. 당신은 주위 사람의 생각을 통제할 수 없기 때문입니다. '취업이 안 돼서 걱정이다'라는 고민도 마찬가지입니다. 채용 여부를 결정하는 것은 당신이 지원한 회사의 인사담당자입니다. 당신이 머리를 싸매고 속을 썩인다고 해서 인사담당자의 결정을 바꿀 수 있는 건 아닙니다.

## 어쩔 수 없는 일은 어쩔 수 없다

그렇다면 고민의 대상이 될 수 있는 것은 무엇일까요? 우리는 과연 무엇을 걱정해야 할까요? 그것은 바로 '자신이 통제할 수 있는 것'입니다. 주위 사람들이 어떻게 생각할지 걱정이라면, 그들에게 좋은 인상을 주기 위해서 '내가 할 수 있는 것'이 무엇인지를 고민합시다. 그 외에는 걱정할 필요가 없습니다. 취업이 안 된다는 고민도 마찬가지입니다. 서류 심사나 면접에서 좋은 성과를 내는 방법에 대해 고민하면 됩니다. 그 외에는, 역시 걱정할 필요가 없습니다.

달리 말하면 결과 자체를 걱정하는 대신, 좋은 결과를 내는 방법에 관해 고민하자는 것입니다. **결과는 통제하는 것이 아니라 유도하는 것입니다.** 우리는 결과를 유도하기 위해 여러 가지를 시도할 수 있습니다. 물론 뜻대로 되지 않을 수도 있죠. 하지만 그건 로마 제국의 황제도 어쩔 수 없는 일입니다.

그래서 저는 고민이 생길 때마다 스스로에게 묻습니다. '이 문제는 내 힘으로 통제할 수 있는 것인가? 아니면 통제할 수 없는 것을 가지고 머리만 싸매고 있는 건가?'라고 말입니다. 만약 그 고민의 뿌리가 스스로 통제할 수 없는 문제였다면, '황제 폐하조차 해결하지 못하는 고민이 있는데 내가 뭐라고 이런 것까지 고민하고 있나'라며 웃어넘깁니다. 그러면 한결 마음이 가벼워지죠.

이렇게 걱정으로 머리가 복잡할 때는 펜과 종이를 준비해 머릿속을 채운 고민들을 생각나는 대로 적어 봅시다. 그리고 그것들을 '내가 통제할 수 있는 문제인가'라는 기준으로 분류해 봅시다.

　　　　　　　　　　걱정에게 먹이를 주지 마라

어떤가요? 가득했던 고민이 절반으로 확 줄어들지 않았
나요? 이렇게 고민할 필요도 없는 고민을 골라내는 것만
해도 커다란 발전입니다. 그렇다면 이제부터는 나머지 절반
을 어떻게 다룰 것인지 생각해 봅시다.

# 대부분의 문제는
# 아주 사소하다

## 성급한 일반화의 오류를 피하라

예전에 저는 갓 입사한 회사에서 일주일 만에 뛰쳐나온 적이 있습니다. 그 이유가 뭔가 하면, 바로 야단을 맞았기 때문입니다. 겨우 야단을 맞은 것 정도로 일주일 만에 회사를 그만두다니, 이상하죠? 이제 와서 생각해 보면 참 말도 안 되는 일을 저질렀구나, 하고 생각합니다. 하지만 그때의 전 정말로 슬프고 의기소침해져서 견딜 수가 없었습니다. 당시 제가 그 상황을 어떻게 받아들였는지 차근차근 설명해 보도록 하겠습니다.

걱정에게 먹이를 주지 마라

당시 저는 컴퓨터를 다루는 데에 다소 서툴러, 자료 정리 같은 간단한 업무도 몇 시간씩 걸리곤 했습니다. 보고가 자꾸 늦어지자, 당시 저의 상사는 답답한 나머지 "스기타 씨 당신, 컴퓨터 사용법을 좀 더 배워야겠네요!"라고 따끔하게 쏘아붙였습니다.

그 말을 듣자마자 가장 처음 들었던 생각은 '나는 일을 참 못하는구나'라는 생각이었습니다. 그런데 이는 사실 조금 이상한 생각입니다. 컴퓨터를 사용하는 일은 제가 해야 하는 업무 중 일부에 불과했기 때문입니다. 그런데도 저는 컴퓨터 실력에 대한 꾸지람을 제가 맡은 일 전체에 대한 비난으로 받아들였습니다.

이렇게 상대방의 부정적인 반응을 제멋대로 확대 해석하기 시작하자 망상은 걷잡을 수 없이 커지기 시작했습니다. 상사의 일거수일투족이 저에 대한 힐난처럼 느껴졌고, 그러자 모든 일이 손에 잡히지 않았습니다. 급기야 자기 자신이 미워질 정도였습니다. 그러던 어느 날, 문득 저는 자신이 회사에 쓸모없고 모두에게 민폐만 끼치는 존재가 아닌가, 하는 생각에 휩싸였습니다. 그러자 더는 출근할 의욕이 나지 않았습니다. 그렇게 저는 일주일 만에 회사를 그만두게 되었습니다.

위에서도 언급했듯, 제 사고방식에는 한 가지 오류가 있었습니다. 바로 성급한 일반화의 오류지요. 이는 일부 사례나 경험만으로 전체를 판단하고 단정하는 잘못을 말합니다. 컴퓨터 관련 업무는 제가 맡은 일의 일부였습니다. 하지만 저는 컴퓨터 실력에 대한 지적을 제가 맡은 업무 전체에 대한 꾸중으로 받아들였죠. 이뿐만이 아닙니다. 업무라는 것은 저라는 사람을 이루는 일부일 뿐입니다. 하지만 저는 업무에 관한 지적을 저라는 사람 자체에 대한 꾸지람으로 받아들였죠.

다시 말해, 당시 저는 일부의 문제를 전체의 문제로 확대 해석하는 사고방식을 가지고 있었던 겁니다. 이런 사고방식을 가지고 있으면 쉽게 절망할 수밖에 없습니다. 아마, 그 회사가 아니었더라도 오래 버티지 못했을 것입니다.

## 문제의 크기를 구체적인 이미지로 그려 보자

지적받은 것이 나의 일부일 뿐이라는 사실을 머리로는 잘 알고 있지만, 막상 누군가가 나에게 화를 내는 그 순간에는 그런 생각이 잘 떠오르지 않습니다. 그럴 때는 지적받은 문제의 크기가 실은 아주 작다는 사실을, 머릿속에 구체적인 이미지로 그려 보는 것이 좋습니다.

우선은 커다란 보따리를 상상해 봅시다. 예쁜 구슬이 아주 많이 들어 있어 묵직한 보따리를요. 이 보따리가 바로 당신입니다. 이 보따리에서 구슬을 하나 꺼내, 방금 지적받은 문제를 써 넣어 봅시다. 저 같은 경우에는 '컴퓨터를 잘 다루지 못함'이라고 쓰면 되겠네요.

이제 보따리 안을 들여다봅시다. 아까 보따리가 아주 묵직하다고 했죠? 그 안에는 아주 다양한 색깔의 구슬이 영롱하게 반짝이고 있습니다. 그 안에 방금 전 꺼냈던 문제 구슬을 툭 하고 던져 넣어 봅시다. 수십 개, 어쩌면 수백 개의 구슬 더미 위에 구슬 하나가 추가되었네요. 단지 그뿐입니다. 보따리는 찢어지지도 않았고, 사라지지도 않았습니다. 여전히 묵직하게 그 자리를 지키고 있을 뿐입니다.

아주 근사한 구슬들을 가득 담은 채 말입니다.

우리 모두에겐 수많은 장단점이 있습니다. 그래서 잘하는 일도 있고, 못하는 일도 있죠. 컴퓨터를 잘 다루지 못한다는 문제는 그중 하나일 뿐입니다. **구슬이 보따리보다 클 수 없는 것처럼, 당신의 문제도 결코 당신보다 클 수 없습니다.** 어떤가요? 이렇게 생각하면 마음이 조금 가벼워지지 않나요?

# 자책으로는 아무것도 바뀌지 않는다

03

## 자기혐오로도 사람이 바뀌지 않는 이유

'집에서 시험공부를 하려고 했는데 잘 안된다.'

'양다리 걸친 걸 정리하려고 했는데 뜻대로 안 된다.'

이렇듯 하려고(혹은 그만두려고) 하는 일이 잘되지 않으면 자기 자신에게 큰 실망을 느끼게 됩니다. 그러다 보면 난 왜 이 모양일까, 어째서 변하는 게 없을까, 하면서 자기혐오에 빠지기 마련이지요.

자기혐오 자체가 나쁜 건 아닙니다. 자기혐오는 자기 자신을 돌아보고 변화시킬 수 있는 원동력이 되기도 하니까요. 하지만 자기혐오에만 빠져 있으면, 그건 문제가 될 수 있습니다.

예를 들어, 여기 시험을 앞둔 학생이 있다고 합시다. 이 학생은 집에서 시험공부를 하려고 합니다. 그런데 뜻대로 잘되질 않네요. 여기저기 정신이 팔려 제대로 집중하지 못합니다. 그러다 문득 그는 정신을 차리고 내가 지금까지 뭘 한 건가, 하는 자기혐오에 빠집니다. '이제부턴 정말 공부뿐이야!'라고 심기일전해 보지만, 얼마 지나지 않아 다시 딴짓을 시작합니다. 그 결과 또 자기혐오에 빠지고, 펜을 잡아 보지만 다시 집중력은 흐트러지죠. 악순환입니다. 어째서 이런 일이 일어나는 것일까요?


## 자기혐오는 핑계일 뿐이다

자기혐오가 반성과 변화로 이어지는 대신 악순환의 반복으로 이어지는 이유는, 실은 **이를 통해 자신을 용서하고 있기 때문**입니다.

다시 예를 들어 보겠습니다. 여기 두 이성 사이에서 양다리를 걸치는 사람이 있다고 합시다. 이 사실을 남들이 알게 되면 어떻게 될까요. 당연히 손가락질당하겠죠. 변명의 여지가 없습니다. 본인도 그 사실을 알고 있습니다. 양다리를 걸치는 건 지탄받을 만한 일이라는 사실을요. 몰라서 양다리를 걸치는 게 아닙니다. 알면서도 바람을 피우고 있는 것입니다.

이때 자기혐오는 남들에게 받을 비난의 체험판과 같습니다. '너는 나쁜 녀석이야'를 '나는 나쁜 녀석이야'로 미리 겪어보는 것이죠. 그렇게 한참 자기 자신을 비난하다 보면 '나도 나름대로 노력하고는 있는데…'라는 데까지 생각이 미치게 됩니다. 그러면 갑자기 눈물이 왈칵 쏟아집니다. '노력하고는 있지만 잘 안되는 나'가 너무 불쌍해 보입니다. 이렇게 '비극적인 나'에 심취하게 되면 어느새 가엾고 딱한 자신을 슬그머니 용서하게 됩니다. 이것이 자기 연민입니다.

이렇게 자기혐오와 자기 연민은 언제나 붙어 다니는 한 쌍입니다. 마음은 우리가 미처 깨닫지 못한 순간에도 언제나 균형을 맞추기 위해 노력하기 때문입니다. 자기혐오가 생기면 자기 연민이 따라옵니다. 자기 자신을 부정한 만큼 자기 자신을 긍정해야 균형이 맞으니까요. 요컨대 악순환을 낳는 자기혐오란 사실은 자기 연민을 느끼기 위한 선행과정입니다.

집에서 시험공부를 하려던 학생도 마찬가지입니다. '나도 나름대로 공부하려고 하는데…'라고 생각하면서 자기 자신을 변호하고 용서하기 때문에, 얼마 지나지도 않아 다시 딴짓을 하게 되는 것입니다.

이런 식의 자기혐오란 '제멋대로 살면서 스스로를 용서하고 위로하는 상황'에 지나지 않습니다. 과연 이것을 진정한 반성이라고 말할 수 있을까요? 오히려 반성하는 척하면서 지금 이대로의 자신을 어르고 달래려 애쓰고 있는 것은 아닐까요?

걱정에게 먹이를 주지 마라

# 노력이
# 만병통치약은 아니다

## 노력과 결과는 꼭 비례할까

저를 찾아온 내담자 중에는, 자신에게 노력이 부족하다며 불안을 호소하는 사람도 있습니다. 제가 보기엔 충분히 열심히 살고 있는 것 같은데도 말입니다. 하지만 이들은 더 열심히 하지 않으면 안 된다면서 조급해합니다. 정말 그럴까요? 노력하지 않으면 안 되는 걸까요? 노력하지 않으면 좋은 인생을 살지 못하는 걸까요? 이와 관련하여 몇 가지 질문을 던져 보겠습니다.

당신은 시험을 앞두고 있습니다. 출제 범위는 교과서 100쪽 분량. 다음 A와 B 중, 어느 쪽이 더 높은 점수를 받을 수 있을 것 같습니까?

A : 100쪽을 모두 공부한다.

B : 10쪽만 골라서 공부한다.

당연히 A일 것입니다. 운이 좋다면 족집게처럼 고른 10장으로도 좋은 점수를 받을 수 있겠지만, 언제나 그럴 수는 없겠죠. 100쪽을 모두 공부하는 편이 대체로 좋은 점수를 받을 수 있을 것입니다. 이런 경우엔 노력과 결과 사이에 밀접한 연관이 있다고 말할 수 있습니다. 노력한 만큼 결과가 나오는 것입니다. 그럼, 다음 질문입니다.

당신에겐 남몰래 마음에 두고 있는 사람이 있습니다. 그 사람과 사귀기 위해서, 다음 A와 B 중 어느 쪽을 골라야 한다고 생각합니까?

A : 그 사람의 마음에 들도록 노력한다.

B : 아무것도 하지 않는다.

걱정에게 먹이를 주지 마라

이 질문은 먼젓번 질문과는 조금 다릅니다. 물론 A를 고르는 편이 B를 고르는 편보다야 가능성이 높을 것입니다. 하지만 이 경우엔 반드시 노력한 만큼 결과가 나온다고 볼 수는 없습니다. 당신이 아무리 열심히 노력해도, 정작 상대는 다른 사람을 좋아하고 있을 수도 있죠. 반대로 당신은 별다른 노력을 하지 않았는데, 다른 누군가가 그런 당신을 보고 사랑에 빠질 수도 있습니다. 다시 말해 이 문제에서는 노력과 결과 사이에 연관이 비교적 적은 것입니다. 이대로 세 번째 질문도 던져 봅시다.

당신은 행복해지고 싶습니다. 그렇다면 A와 B 중, 어느 쪽을 선택해야 한다고 생각합니까?

A : 열심히 노력한다.

B : 딱히 열심히 노력하지 않고 그냥 산다.

이번에도 A라고 답할 수도 있겠네요. 하지만 과연 그럴까요? 질문을 조금 바꿔 봅시다.

눈앞에 당신이 가장 좋아하는 음식이 펼쳐져 있습니다. 이 음식을 먹으면 분명히 행복해질 것입니다. 그렇다면 A 와 B 중, 어느 쪽을 선택해야 한다고 생각하십니까?

A : 열심히 노력해서 먹는다.

B : 그냥 먹는다.

이번엔 여러분의 경험에 비추어 생각해 봅시다. 좋아하는 음식을 먹고 행복을 느낀 경험이 여러분에게도 있을 것입니다. 그렇다면, 그때 그 음식을 입에 넣고 씹어 넘기기 위해 열심히 노력했나요? 아니면 그냥 별생각 없이 즐겁게 먹었나요? 분명 B일 것입니다.

제가 하고 싶은 말은, **노력의 크기와 결과의 행복도가 언제나 비례하는 것만은 아니라는 것**입니다. 노력을 하는 만큼 행복해지는 일도 있지만, 노력과 무관하게 찾아오는 행복도 있습니다. 이 두 가지를 구분하지 않은 채 노력이라는 행위에만 열을 올리면 마음의 에너지는 금방 고갈되고 맙니다. 이뿐만이 아닙니다. 노력을 강조하다 보면 놓치게 되는 것이 또 하나 있습니다.

걱정에게 먹이를 주지 마라

## 노력은 그저 수단일 뿐이다

그것은 바로 **노력이란 목적을 이루기 위한 수단에 불과하다**는 사실입니다. 다시 말해, 노력은 목적 달성이라는 결과를 요구합니다. 그런데 이에 걸맞은 결과를 얻지 못한다면, 그간의 노력은 오히려 마음의 짐이 될 수도 있습니다.

예를 들어, 성적이 별로 좋지 않았던 학생이 고등학교 3년 동안 아주 열심히 공부해서 최고의 대학에 입학했다고 합시다. 그에게는 대학에 합격한 순간이 행복의 절정이었을 겁니다. 자고 싶은 것, 놀고 싶은 것을 참아가며 공부한 세월에 걸맞은 결과를 얻었으니까요.

그런데 만약 이 사람이 대학 이후의 인생에서 난관에 부딪힌다면 어떻게 될까요? 예를 들어 직장이 마음에 들지 않거나 급여가 적다고 느끼는 경우 말입니다. '최고의 대학을 나왔는데 어째서…'라는 생각 때문에 오히려 더 큰 괴로움을 겪을 수 있습니다. 실제 이와 비슷한 이유로 마음의 병을 얻은 사람이 정말 많습니다.

제게도 이와 비슷한 경험이 있습니다. 일자리를 구하지 못하고 백수 생활을 하며 시간을 보내고 있을 때, 영어를 잘하면 취업이 될지도 모른다는 생각이 들어 2년간 열심히 영어 공부를 한 적이 있습니다.

처음 1년은 아르바이트로 어학연수 비용을 모으면서 하루 5시간씩 공부했습니다. 저는 원래 영어를 잘하지 못했기 때문에, 중학생 수준의 어휘와 문법부터 차근차근 다시 공부했습니다. 그 후 1년 동안 어학연수를 다녀온 뒤 TOEIC 시험을 치렀고, 850점을 받았습니다. 살면서 가장 열심히 노력한 2년이었습니다.

하지만 안타깝게도, 그러고도 취직이 잘되지 않았습니다. 그 후 저는 1년 4개월 동안 집 밖을 나가지 않고 은둔형 외톨이 생활을 했습니다. 노력에 걸맞은 결과가 나오지 않자 그간의 노력이 오히려 더 큰 자괴감이 되어 밀려온 것입니다.

당시 저는 노력에는 반드시 상응하는 결과가 뒤따른다고 생각했습니다. 그게 당연하다고 믿었습니다. 하지만 세상이 꼭 그런 식으로 돌아가는 것만은 아니었습니다. 제게 마음의 병이 생겼던 이유는 바로 이런 사실을 인정하지 못했기 때문이었습니다.

걱정에게 먹이를 주지 마라

하지만 좀 더 냉정하게 생각해 보면, 제가 인정하든 인정하지 않든 세상은 원래부터 이랬습니다. 어린 나이에 죽음을 맞이한 사람들이나 우연히 자연재해를 겪게 된 사람이 있는 것처럼, **노력한 만큼 결과를 보지 못하는 사람도 있는 게 당연합니다.** 누구에게나 일어날 수 있는 일이 나에게 일어난 것뿐입니다.

저는 앞에서 노력이란 목적 달성을 위한 수단이라고 말했습니다. 만약 어떤 수단이 잘 통하지 않으면, 다른 수단을 찾아보면 됩니다. 아끼는 컵이 깨져 버려서 물이 잘 받아지지 않는다면, 다른 컵을 가져오면 됩니다. 물론 마음이 아픈 건 당연합니다. 하지만 '내가 이 컵을 얼마나 아꼈는데!'라는 생각에만 마음을 빼앗겨버리면 결국 물은 한 모금도 마시지 못합니다.

## 노력하지 않으면 행복해질 수 없는 걸까

지금까지 다양한 이야기를 했습니다만, 제가 말하고 싶은 것은 **'노력이 행복과 아무런 관계도 없다고 할 수는 없**

**으나, 행복을 좌우하는 결정적인 요인은 아니라는 점**'입니다. 다시 말해, 노력과 행복은 필연적인 관계가 아닙니다.

그러나 아직도 많은 사람이 '열심히 노력하지 않으면 행복해질 수 없다'라고 생각합니다. 지금껏 '열심히 노력하라'라는 말을 들으며 살았기 때문입니다. 부모님, 선생님, 텔레비전, 영화, 어릴 적 읽었던 동화책까지도 '열심히 노력하면 좋은 일이 생긴다'라고 가르치니 당연히 이를 자연스럽게 받아들이고 따르게 됩니다.

물론 저도 열심히 노력하는 것 자체는 바람직한 일이라고 생각합니다. 하지만 우리가 한 가지 놓치고 있는 것이 있습니다. 바로 **'무엇을 위해 노력하는가?'**라는 질문 말입니다.

우리는 흔히 누군가의 노력을 평가하거나 칭찬할 때 얼마나 열심히 노력했는지를 두고 왈가왈부하지만, 무엇을 위해 노력했는지는 이야기하지 않습니다. 언제부턴가 뭐든지 열심히 노력하기만 하면 된다는 인식이 널리 퍼져 있는 것 같습니다. 심지어 열심히 노력하지 않는 사람은 나태한 인간이라고 죄책감마저 조성하는 것 같습니다. 그러니 자신이 이루고자 하는 목표도 찾지 못한 채 오로지 '열심히, 열심히'만 되뇌게 되는 것이죠.

하지만 이건 결국 목표가 무엇인지도 모르는 상태로 수단부터 찾는 셈입니다. 마치 찾고자 하는 단어도 없이 사전을 처음부터 끝까지 펼쳐 보는 일이나 다름없죠. 자신만의 기준이나 목표가 없이 행해지는 노력은 공허합니다. 세간의 평가에 휘둘려 별로 원하지도 않는 일을 위해 노력하는 것은 결코 좋은 일이 아닙니다.

이제야 하는 얘기지만, 저는 사실 영어를 싫어했습니다. 지금도 별로 좋아하지 않습니다. 그런 제가 영어 공부를 열심히 했던 이유는 단지 기업의 인사담당자에게 좋은 평가를 받고 싶었기 때문입니다. 그랬던 제가 만약 외국인을 상대하는 업무를 맡게 됐다면 어땠을까요. 얼마 지나지 않아 사표를 썼을지도 모릅니다. 최고의 대학에 합격한 학생 역시, 자신의 흥미나 적성보다 그저 부모의 기대에 부응하기 위해서 공부한 것이었다면 그 이후의 대학 생활도 전혀 즐겁지 않을 것입니다.

여러분도 자신의 노력이 무엇을 향하고 있는지 다시 한

번 점검해보길 바랍니다. 이를 생각해 보지 않은 채 '노력하는 나'에만 심취하는 것은, 새총이 겨누고 있는 곳을 바라보지도 않은 채 고무줄이 얼마나 팽팽하게 당겨졌는지만 신경 쓰는 것과 같습니다. 어쩌면 그것이 당신의 발등을 겨누고 있는데도 말입니다.

# 당신의 감정은 틀리지 않았다

05

## 틀린 감정이란 없다

지금까지의 이야기를 한 문장으로 요약하면 '어쩔 수 없는 일에는 신경을 쓰지 마라'라고 할 수 있을 것입니다. 어떤 생각이 드나요? 그게 마음대로 되면 고민이 생길 일도 없었겠지, 라면서 불평하고 있을지도 모르겠네요.

맞습니다. 이 모든 것이 말처럼 쉬운 일만은 아닙니다. 오히려 어렵죠. 마음은 오랫동안 꾸준한 훈련을 통해야만 길들일 수 있으니까요. 겨우 책을 몇 줄 읽은 것만으로도 모든 사람이 마음을 추스르고 고민을 털어버릴 수 있다면,

저 같은 심리상담가는 생계가 곤란해질지도 모릅니다.

그래서 사람들은 위와 같은 말을 듣고도 통제할 수 없는 문제를 끌어안고 끙끙거리거나, 자기도 모르게 부정적인 면을 바라보거나, 이상한 고정관념에 사로잡혀 벗어나지 못하곤 합니다.

그러면 자연스럽게 자신을 자책하게 됩니다. '이래서는 안 돼! 자꾸 부정적인 생각만 하고 있잖아. 긍정적인 생각을 해야 해'라면서 말입니다. 하지만 마음이 어디 마음대로 되던가요. 우리는 어느새 다시 부정적인 일에 쓸데없이 신경을 낭비하며 머리를 싸매곤 합니다.


이런 식으로 자기 마음을 바꾸기 위해 스스로 자책하는 사람들이 참 많습니다. 'A라고 생각하면 안 돼. B라고 생각해야 해'라면서 말입니다. 그러나 이것은 매우 부자연스러운 행동입니다. 왜냐하면, **자신이 느끼는 마음이나 감정은 모두 자연스러운 반응**이기 때문입니다.

예를 들어 볼까요. 벚꽃이 피기 시작하는 초봄의 어느 날, 당신은 날씨가 따뜻하다고 생각했고 친구는 쌀쌀하다고 생각했다고 합시다. 누가 옳은가요? 그리고 누가 그른가요?

이건 사실 아주 이상한 질문입니다. 체감온도에 옳고 그른 건 없습니다. 똑같은 날씨에도 누군가는 더울 수도 있고 누군가는 추울 수도 있죠. 더위와 추위는 그저 반응입니다. 그런 반응이 생겼다는 사실 자체를 부정하거나 없애버릴 수는 없습니다. 그건 마치 "덥다고 느끼면 안 돼!"라는 생각만큼이나 이상한 일이죠.

당신의 감정도 마찬가지입니다. 감정 역시 자연스러운 반응입니다. 만약 기분이 좋지 않거나 불쾌한 감정이 들었다면 그럴만한 이유가 있을 것입니다. 또, 어떤 사람이 마음에 들지 않는다면 그것 역시 그럴만한 이유가 있을 것입니다. 물론 그게 아주 말도 안 되는 이상한 이유 때문일 수도 있겠죠. 하지만 그런 반응이 생기는 것 자체는 너무나도 자연스러운 일입니다. 반응은 잘못된 게 아닙니다. 그냥 생기는 거죠.

앞에서 '통제할 수 없는 일을 통제하려 하지 마라'라고 말한 걸 기억하실 겁니다. 감정의 발생이야말로 통제할 수 없는 일의 대표적인 사례입니다. 날씨가 덥게 느껴지면 더

위를 부정할 게 아니라 에어컨을 켜면 됩니다. 다시 말해 감정 자체를 부정하려 하지 말고, '그럼 이제부터 어떻게 할 것인가?'를 생각해보자는 얘깁니다. 부정이 아니라 인정과 대응이야말로 진정한 고민 해결의 시작입니다.

## 불쾌한 감정의 존재를 인정하자

어떤 감정이 불쾌해 앞으로 그런 감정을 느끼고 싶지 않다면 어떻게 해야 할까요? 그럴 때는 불쾌한 감정을 없애려 하는 대신, 내 마음의 일부로 자연스럽게 받아들이면 됩니다. 이것이 문제 해결의 시작입니다.

마음의 고민은 몸의 질병과 비슷합니다. 몸이 보내는 '나 아파…'라는 SOS를 계속 무시하면 결국 큰 병이 되어 더한 고통을 겪게 되지요. 마음의 고민도 마찬가지입니다. 불쾌한 감정을 무시하고 억지로 지우려고 하면 할수록, 마음은 더 강하게 폭주하여 자신의 존재를 알리려 합니다. 이는 결국 고민과 불안, 스트레스가 되어 드러나게 됩니다.

걱정에게 먹이를 주지 마라

## 사람은 원래 모순적인 존재다

이렇게 감정을 무시하고 숨기려는 태도는 역효과를 낳을 뿐입니다. 대신 이렇게 말해 봅시다.

"지금은 A이지만, B이고 싶은 마음도 있다."

예를 들면 이렇게 말입니다.

"지금은 슬프고 화가 나지만, 잘 추슬러 진정하고 싶은 마음도 있다."

"지금은 저 사람이 마음에 들지 않지만, 잘 지내보고 싶은 마음도 있다."

이것이 바로 자신의 감정을 부정하지 않고 있는 그대로 드러내는 방법입니다. **사람의 내면은 원래 여러 감정이 복합적으로 얽혀 있을 때 더 자연스럽습니다.** 사람은 원래 그런 존재니까요. 모든 상황에 일관적으로 반응하는 사람은 없습니다. 저마다 조금씩 모순을 가지고 있죠.

이러한 모순을 없애려고 하면 안 됩니다. 아니, 없애려고 해 봤자 실패만 할 뿐입니다. 그러는 대신, 내 안의 모순을 있는 그대로 받아들이고 잘 다스려서, 스스로 납득할 수 있는 방향으로 풀어나가면 되는 것입니다. 내 마음의 일부를 무조건 억누르고 참으려 했다간 더 큰 대가를 치르게 됩니다. 마치 우리의 몸이 그러하듯이 말입니다.

그러니 자신의 감정을 자책하지 않길 바랍니다. 그런 마음이 들었다는 건 잘못이 아닙니다. **그런 마음도 나, 또 다른 마음도 나입니다.** '나'는 다양한 마음들이 모인 전체입니다.

# 3장

# 갈등에게
# 먹이를 주지 마라

# 사람은 정답만으로
# 움직이지 않는다

## 맞는 말을 해도 무시당하는 이유

예전에 같이 일했던 직장 동료 중에 좋게 말하면 정의감
이 넘치고, 나쁘게 말하면 참을성이 부족한 사람이 있었습
니다. 편의상 B라고 하겠습니다. B 씨는 사내에서 문제를
겪을 때마다 "저 사람은 일을 잘 못하니까 다시 가르쳐야
합니다"라거나 "일에 사적인 감정을 섞는 것은 옳지 않습니
다"라며 바로 윗사람에게 이야기하곤 했습니다.

분명 B 씨가 하는 말은 전부 맞는 말이었습니다. 하지만
회사는 그의 의견을 받아주지 않았으며, 오히려 B 씨 주변

에는 갈등이 끊이질 않았습니다. 결국 인망을 잃은 B 씨는 사표를 내고 회사를 떠나고 말았습니다. 이런 B 씨의 모습을 보며 저는 이렇게 생각했습니다.

'원론적인 얘기로는 사람을 움직일 수 없다.'

아마도 B 씨의 인생은 '나는 맞는 말만 하는데 주위 사람들이 제대로 안 해서 문제야'라며 속상해하는 나날의 연속이었을 것입니다.


B 씨와 같은 사람들은 자기 생각이 옳다고 판단되면 앞뒤 따지지 않고 바로 원론적인 말을 하는 특성이 있습니다. 이들은 자신의 주장이 받아들여지지 않을 때 '내 말이 맞아! 못 알아듣는 당신이 나쁜 거야!'라며 상대의 문제로 치부하고 대화의 여지를 없애버립니다. 문제의 원인을 전부 상대에게 떠넘겨버리는 것입니다.

그러나 정답만으로는 사람의 마음을 움직일 수 없습니다. 설령 그것이 옳은 말이라도 자꾸 들이밀면 역효과만 날 뿐입니다.

걱정에게 먹이를 주지 마라

## 공감이 사람을 움직인다

그렇다면 '사람을 움직이게 하는 것'은 무엇일까요. 우선 다음 두 대화를 봐주세요. 그리고 당신이라면 두 상황 중 어느 쪽의 반응이 더 마음에 드는지 생각해 보세요.

**상황 ①**
나 : "요즘 일에 대한 의욕이 전혀 안 생겨……"
친구 : "그런 말 해 봤자 소용없어. 일이니까 일단 해야지 어쩌겠어!"

**상황 ②**
나 : "요즘 일에 대한 의욕이 전혀 안 생겨……"
친구 : "그래, 그럴 때가 있는 것 같아."

상황① 속 친구의 대답은 그야말로 정답입니다. 주어진 일은 일단 해야죠. 누가 모르겠습니까? 하지만 앞에서도 언급한 것처럼 정답만으로는 사람을 움직일 수 없습니다.

고민하고 있는 문제의 정답을 몰라서 고민하는 경우는 의외로 적습니다. 사실 사람들은 대부분 자기 고민의 정답을 이미 알고 있습니다. 다만 정답을 행하는 데 필요한 마음의 에너지가 부족할 뿐입니다. 사람들이 타인에게 고민을 털어놓는 이유는 바로 그런 에너지를 얻기 위해서입니다.

이를 잘 알고 있는 사람이 바로 상황②의 친구입니다. 상황② 속 친구는 '나'에게 공감해주고 있습니다. 고민을 털어놓았을 때 공감해주는 상대방이 있다면, 사람들은 확신을 얻고 스스로 앞으로 나아갑니다.

조금 더 자세하게 설명해 보도록 하겠습니다. 앞에서 '고민이란 상반된 마음 사이의 충돌'이라고 말했던 것을 기억하시나요? 요컨대 위 상황 속 '일에 대한 의욕이 안 생긴다'라는 고민은, '얼른 일을 끝내고 싶다'와 '그런데 하고 싶지 않다'라는 상반된 마음 사이의 충돌입니다. 즉, 주어진 일을 해야 한다는 것 정도야 이미 알고 있다는 얘깁니다.

그런데 여기서 '얼른 일해서 끝내!'라는 말을 들으면, 듣는 사람의 마음은 '그런데 하고 싶지 않아!' 쪽으로 기울게 됩니다. 마음은 언제나 균형을 잡으려 하기 때문입니다. 반대로 '그래, 누구나 일하기 싫을 때가 있지'라는 공감의 말을 들으면, 듣는 사람의 마음은 '어휴…. 얼른 끝내야겠어'라는 방향으로 기울게 됩니다. 이처럼 **언제나 균형을 잡으려는 마음을 공략하기 위해선 반대쪽을 자극해야 합니다.**

다시 말해, 사람을 정답 쪽으로 움직이기 위해선 정답 반대쪽을 자극해 줄 필요가 있습니다. 공감은 그런 공략법의 대표적인 예입니다.


## 마음을 움직이려면 반대쪽을 자극하라

물론 공감이 중요하다는 것 정도야 이미 널리 알려진 사실입니다. 하지만 공감하는 말하기를 실천하는 데 익숙한 사람은 그렇게까지 많아 보이지 않습니다. 아직도 사람들 대부분은 자기중심적인 시선에서 무턱대고 긍정 일변도의 메시지를 전파하곤 합니다.

예컨대, 실연을 당해 풀이 죽어 있는 사람에게 이렇게 말하는 사람이 많습니다.

"괜찮아요. OO 씨는 좋은 사람이니까 금방 더 좋은 사람이 OO 씨 앞에 나타날 거예요."

언뜻 들으면 100점짜리 위로 같지만, 듣는 사람 입장에선 별로 그렇지 않습니다.

실연으로 마음이 아픈 사람은 '헤어진 연인과 계속해서

만나고 싶다'라는 생각과 '헤어진 연인과 더는 만날 수 없다'라는 상반된 마음 사이에서 고민하고 있습니다. 그런 사람에게 "더 좋은 사람 만나"라며 헤어진 연인을 잊으라고 충고한다면, 오히려 만나고 싶다는 마음만 더 커지게 됩니다.

이럴 때는 오히려 만나고 싶다는 마음을 건드려 주는 것이 더 도움이 됩니다. "그렇군요. 많이 보고 싶겠어요."라면서 상대방의 마음에 공감해주는 것입니다. 그러면 상대방은 마음의 균형을 잡는 과정에서 자연스럽게 '그 사람과 더는 만날 수 없다'라는 사실을 받아들입니다.


## 잡담에도 공감이 중요하다

공감은 고민이 있을 때뿐만 아니라 가벼운 잡담을 나눌 때도 중요합니다. 최근 특히 '스몰 토크'의 중요성이 주목받고 있습니다. 스몰 토크란 업무 등 공식적인 대화 외에 나누는 얕고 가벼운 대화를 뜻합니다. 친구나 이웃 간에 나누는 잡담도 그중 하나입니다. 스몰 토크에선 날씨 같은 일상적인 주제로 시작해서 일상, 소문, 관심사, 취미 같은 다양한 화제로 이야기가 뻗어나가곤 하는데, 여기에 잘 끼지 못하면 공동체 생활에 녹아들기가 어렵습니다.

다양한 화제로 뻗어나간다는 이유 때문에 스몰 토크를 부담스러워하는 사람도 많을 겁니다. 상대가 말하는 분야에 대해 아는 게 없을 수도 있으니까요. 예를 들어 저 같은 경우 패션에 그다지 조예가 깊지 않습니다. 이런 경우 상대가 말하는 내용에 '이 브랜드는 어떻고~'라면서 대화를 이끌어가기란 쉽지 않을 겁니다.

하지만 공감 화법에 익숙해진다면 이런 난관도 쉽게 돌파할 수 있습니다. 결국 스몰 토크란 자신의 경험과 감정을 기반으로 한 대화이기 때문입니다. 경험이 없더라도, 감정에 공감해줄 수만 있다면 대화는 알아서 잘 굴러갑니다. '이 브랜드는 이래서 좋다'라는 감상에 '정말 그렇네요!'라고 대답해 주는 것만으로도 상대방은 자신이 존중받고 있다는 느낌을 받습니다.

오히려 어설프게 아는 척하는 것보다 공감이 훨씬 나은 경우도 있습니다. 만약 제가 패션에 관한 대화에 끼어들어, 어설프게 주워들은 지식으로 무리하게 대화를 이끌어가려

하다간 이상한 사람 취급을 받을 겁니다. 잘 알지도 못하면서 아는 척만 한다는 핀잔을 들을 수도 있죠. 이처럼 내가 잘 모르는 분야, 내가 익숙하지 않은 분야의 대화라면 오히려 공감이야말로 가장 좋은 선택이 될 수도 있습니다.

요컨대, **스몰 토크란 지식을 뽐내는 경연 대회가 아닙니다.** 그저 분위기를 부드럽게 만들고 유대감을 쌓기 위한 친교 활동입니다. 마치 토론 대회처럼 상대방의 말꼬투리를 잡고 늘어졌다간 결코 좋은 인간관계를 만들지 못합니다. 만약 요즘 인간관계에서 크고 작은 문제를 겪는 중이라면, 자신의 대화 방식을 돌이켜 보십시오. 미처 발견하지 못했던 문제의 원인을 발견하게 될지도 모릅니다.

# 자기도 모르게
# 사람들이 떠나는 이유

## '명령형이 없는 명령문'을 사용하지 말 것

겉으로 보면 차분하고 겸손해 보여서 절대 남들에게 미움을 살 일이 없을 것 같은데, 왠지 모르게 사람들이 떠나가서 고민이라는 사람들이 있습니다. 말투가 건방지거나 자기 자랑을 늘어놓는 타입도 아닌데 말입니다. 그런데 이런 사람들과 차근차근 대화를 나눠 보면 한 가지 공통점을 발견할 수 있습니다. 바로 자신을 과도하게 낮춘다는 것입니다.

예를 들면, 친구가 당신에게 사소한 실수를 저지른 경우를 상상해 봅시다. 그다지 큰 실수는 아니어서, 가벼운 사과만으로도 충분히 넘어갈 수 있는 일입니다. 그런데 만약 친구가 이렇게 말한다면 어떨까요.

"미안…. 난 정말 안되는 놈인가 봐. 맨날 똑같은 실수만 하고…. 난 정말 쓰레기 같은 골칫덩어리야."

자연스레 "아니야, 그렇지 않아"라고 말하게 되지 않을까요? 혹은 "너 정도면 괜찮은 녀석이지"라거나 "나도 종종 그래, 괜찮아"라면서 상대방을 위로하고 격려해주고 싶어질 것입니다.

바로 이것이 과도한 겸손의 함정입니다. 자신을 필요 이상으로 낮추고 자책하는 모습을 보여줌으로써, 상대방에게 자신을 옹호해 달라는 신호를 보내는 것입니다. 무의식적으로 균형을 맞추고자 하는 사람들의 마음을 이용해, 자신이 기대하는 내용을 말하게 만드는 것이죠. 저는 이것을 **'명령형 없는 명령문'**이라 부릅니다. 자신을 두둔해달라고 명령하진 않지만, 사실상 명령하는 것이나 다름없기 때문이죠.

이런 경우는 특히 연인 간의 다툼에서 쉽게 찾아볼 수 있습니다. 어떤 사람들은 사랑싸움 도중에 갑자기 "그래, 전부 다 내 잘못이야"라고 말해버립니다. 그런데 사실 이런 다툼이 온전히 어느 한쪽만의 잘못인 경우는 많지 않습니다. 단순히 의견이 달라서 충돌한 경우가 훨씬 더 많죠. 그런데 의견 차이를 조율해 보지도 않고 '내가 다 잘못했다'라는 식으로 나오는 것은 사실상 '어서 나를 감싸 줘'라고 말하는 것이나 다름없습니다. 명령 없는 명령이죠.

이런 효과를 알고 일부러 사용하는 사람도 있지만, 악의 없이 무의식적으로 사용하는 사람도 많습니다. 하지만 의도가 있든 없든, 이런 식의 말투는 듣는 사람을 피곤하게 합니다. '어서 나를 두둔해 줘'라고 발산하는 신호를 무의식적으로 눈치채는 것이죠. 결국 이런 말투를 남발하는 사람은 점점 인간관계가 빈약해지고 앙상해집니다.

그러니 만약 이유 없이 사람들이 떠나가는 게 걱정이라면, 자신이 명령형 없는 명령문을 사용하는 게 아닌지 한번 돌이켜보는 것이 좋습니다.


## 방어를 가장한 공격을 하지 말 것

명령형 없는 명령문이 말로 상대방을 조종하려는 시도

였다면, 말이 아닌 행동으로 상대방을 조종하려는 시도도 있습니다. 그것은 바로 '과도하게 방어적인 태도'입니다.

예를 들어, 사소한 실수만으로도 "죄송합니다! 죄송합니다!"라며 과도하게 사과하는 사람이 종종 있습니다. 언뜻 보면 깊이 반성하고 있는 것처럼 보이지만, 이는 어쩌면 '이렇게까지 사과하고 있으니 더 이상 혼내지 말아 줘'라는 신호일지도 모릅니다.

실제로 그렇게 사과하는 사람에게 심하게 화를 내기는 어렵습니다. "됐어요" 혹은 "신경 쓰지 마세요"라고 말하고 넘어가게 되죠. 결국 과도한 사과는 자신이 약하다는 것을 어필하면서 상대방을 조종하는 것입니다. 달리 표현하면 **'방어를 가장한 공격'**이라고도 할 수 있습니다.

방어를 가장한 공격에는 또 다른 예가 있습니다. 바로 격에 맞지 않는 선물입니다. 물론 선물 자체가 나쁜 것은 아닙니다. 선물을 주고받으며 마음을 표현하고 우정을 다지는 건 전혀 이상한 일이 아니죠. 하지만 격식에 어긋날 정도로 과도한 선물은 오히려 상대방에게 부담이 됩니다.

예를 들어, 누군가 당신에게 큰 잘못을 저질러 그 사람이

걱정에게 먹이를 주지 마라

꼴도 보기 싫어졌다고 합시다. 그런데 그 사람이 한사코 찾아와 '제 마음입니다'라며 요구한 적도 없는 비싼 선물을 쥐여 주면, 과연 기쁠까요? 부담스럽기만 할 것입니다. 사과를 거절하기 어렵게 만들려는 의도가 느껴지기 때문입니다.

물론 이는 선물의 원래 기능 중 하나이기도 합니다. 영업사원이 음료나 간식거리를 챙겨 다니는 모습을 본 적 있으실 겁니다. 영업을 단칼에 거절하기 어렵게 만들기 위해서죠. 하지만 비즈니스 관계가 아닌 친구나 연인 사이에서 이런 식의 행동을 너무 자주 일삼다간 오히려 관계를 망칠 수 있습니다. 말했듯 이는 넌지시 보내는 명령이기 때문입니다.

사실 제게도 명령형 없는 명령문이나 방어를 가장한 공격을 남발하며 살았던 시절이 있었습니다. 딴에는 '나를 버리지 말아 줘'라는 필사적 신호였지만, 결과적으론 사람들을 떠나가게 했죠. 어쩌면 당신도 의식하지 못한 새에 이런 행동들이 몸에 배어 있을지도 모릅니다. 부디 여러분은 제 실수를 반복하지 않길 바랍니다.

# 문제와 거리를 두면
# 답이 보인다

## 한 발짝 멀어지면 시야가 넓어진다

제가 만났던 사람 중에 D 씨라는 사람이 있었습니다. 그는 직장에서 인간관계 때문에 어려움을 겪고 있었죠. 그로 인해 마음고생이 심했던 D 씨는 나름대로 여러 가지 해결책을 시도해 보았습니다. 밝은 미소로 동료들에게 말을 걸었고, 때때로 잡담을 나눴습니다. 그뿐만 아니라 인간관계에 관한 책도 여러 권 사서 읽으며 할 수 있는 한 최선의 노력을 다했습니다.

하지만 이런 노력에도 불구하고 D 씨의 인간관계는 전

걱정에게 먹이를 주지 마라

혀 나아질 기미를 보이지 않았습니다. 아니, 오히려 점점 더 어색해질 뿐이었죠. D 씨의 고민은 날이 갈수록 깊어졌습니다.

그러던 중 D 씨는 우연히 새로운 취미를 갖게 되었습니다. 바로 스노보드였죠. 그는 난생처음 타본 스노보드의 매력에 푹 빠져, 겨우내 주말마다 스키장으로 향했습니다. 그렇게 흰 설원을 가르던 어느 날, D 씨는 문득 깨닫게 되었습니다.

'어! 요즘 회사 사람들과의 관계 때문에 스트레스를 받지 않게 되었네.'

이 이야기를 통해 제가 말하고 싶은 것은, 어떤 문제는 문제와 하등 관계없어 보이는 곳에서 해결되기도 한다는 사실입니다.

우리는 회사에서 문제가 생기면 반드시 회사 안에서 해결해야 한다고 생각합니다. 한가하게 스노보드나 타러 다닐 상황이 아니라고 말이죠. 하지만 문제를 해결하려고 하면 할수록 상황이 나아지기는커녕, 점점 더 악화되는 경험을 한 번씩은 해봤을 것입니다. 마치 여드름을 계속 만지작 거리다가 결국 곪고 피가 나는 것처럼 말입니다.

그럴 때는 문제 해결의 실마리가 아예 다른 곳에 있을 수 도 있다는 생각을 가져야 합니다. 문제 해결을 포기하고 시 간에 맡긴다는 선택지도 있다는 것을 알아야 하지요. 모든 문제와 정면으로 부딪치는 것만이 정답은 아니라는 겁니다.


## 서는 곳이 달라지면 시선도 달라진다

학생 시절, 방학이나 연휴에 아르바이트를 하다 보면 그 곳에서 마음에 맞는 새로운 친구를 사귀곤 했습니다. 그러 다 방학이 끝나고 다시 학교로 돌아가면 학교 친구들과의 관계가 조금 달라진 듯한 느낌을 받았죠. 학교 친구들과의 관계에 이전보다 조금 거리를 두고 객관적으로 보게 된 것 입니다.

사람은 '비빌 언덕'이 생기면 전보다 여유를 갖게 됩니 다. 일만 하는 사람에게는 회사가 전부이기에 회사에서 문 제가 생기면 갈 곳이 없어집니다. 막다른 길에 이른 것이나

걱정에게 먹이를 주지 마라

다름없죠. '내겐 여기밖에 없어'라는 생각에 사로잡히기 때문에 문제로부터 눈을 돌릴 수가 없는 것입니다.

이때 가정이나 취미 동호회 등 비빌 언덕이 있는 사람은, 한쪽에서 문제를 겪더라도 다른 쪽에 집중할 수 있습니다. 문제가 해결될 때까지 이를 피난처 삼아 마음의 안정을 취할 수 있죠.

학창 시절을 생각해 보면, 말없이 조용한 친구들이 한두 명쯤은 꼭 있었습니다. 하지만 그런 아이들도 동아리 시간에 자기가 좋아하는 취미생활을 할 때는 생기가 넘쳤죠. '반에선 조금 심심하지만 괜찮아. 나한텐 동아리 시간이 더 소중한걸'이라는 마음가짐이었을 것입니다. 생각해 보면 그것 역시 학교생활을 즐기는 또 하나의 방법이었을지도 모릅니다. 학급 생활도 물론 중요하지만, 자신만의 취향과 취미를 찾아내는 것도 그에 못지않게 중요한 일이니까요.

여러분도 이처럼 비빌 언덕을 여러 곳 만들어 보세요. 너무 한 곳에만 집중하는 것은 좋지 않습니다. 대피소를 여러 곳 만들어 두면, 고민이라는 태풍이 지나갈 때까지 안전하고 평화롭게 지낼 수 있을 것입니다.

## 긁어 부스럼 만들지 마라

다시 D 씨의 예로 돌아가 보겠습니다. D 씨는 스노보드라는 비빌 언덕을 갖게 됨으로써 마음의 여유가 생겼고, 그 결과 직장에서의 인간관계도 자연스럽게 극복되었습니다. 이렇듯 마음의 여유가 생기면 관계가 좋지 않은 상대방에 대한 인상도 변하게 됩니다.

이것이 '문제 해결을 포기하라'라는 말의 의미입니다. 잘 안 풀리는 일은 일단 내버려 두고, 시간에 맡긴 채 감정과 상황에 변화가 생기길 기다리는 것이죠.

이처럼 인간관계 문제는 **쓸데없이 들쑤시지 않을 때 해결되는 경우가 의외로 많습니다.**

저를 찾아오는 내담자들을 살펴보면 부모나 회사 사람들과 갈등을 겪는 경우가 많습니다. 그들은 갈등을 풀기 위해 여러 번 노력했지만 실패했다고 호소합니다. 그럴 때면 저는 그들로 하여금 속에 있는 감정을 한바탕 풀어놓게 한 뒤, 그 사람에게 잘 맞을 만한 취미를 권하곤 합니다. 속이 후련해진 채 새로운 취미에 관심을 쏟다 보면 내담자들의 감정은 자연스레 잦아들기 시작합니다. 그러면 신기하게도 내담자들이 스스로 자신의 고민을 객관적으로 바라보게 됩니다. 격한 감정에 휩쓸렸던 과거의 자신과 거리를 두는 것이죠. 처음 찾아왔을 때만 해도 화가 머리끝까지 났던 어느 주부는 몇 차례 상담을 거친 뒤 이렇게 얘기하기까지 했죠. "이젠 화가 별로 나지 않네요. 어쩌면 그렇게 화낼 일도 아니었던 것 같아요."

제가 경험한 내담자들의 사례처럼, 관계 개선을 위해 다양한 노력을 해봤지만 아무런 변화가 없을 때는 다른 곳에서 행복을 찾아 보세요. 그러면 결국 돌고 돌아서 그 사람과의 관계도 좋아지게 될 것입니다.

# 표현하지 않으면
# 전해지지 않는다

## 좋은 점은 콕 집어서 말해라

저도 지금껏 인간관계에 관한 고민을 수도 없이 겪어 왔고, 그만큼 수없이 많은 방법을 써먹어 보았습니다. 그중에서 가장 효과가 좋았던 방법을 단 한 가지 꼽는다면 무엇일 것 같나요? 정답은 바로 '상대방의 좋은 점을 구체적으로 말하기'입니다.

결국 칭찬하라는 말 아니냐고요? 하하, 맞습니다. 하지만 조금 다릅니다. 우리는 흔히 '칭찬'을 건넬 때 조금씩 마음에도 없는 말을 꾸며내곤 합니다. 마치 어린아이가 미술 시간에 그린 어설픈 그림을 보고도 "이야, 정말 잘 그렸네!"라고 말하는 것처럼 말입니다. 그래서 단순히 '잘했다'라는 표현만으로는 이것이 진심인지 으레 하는 인사치레인지 구분하기 어렵습니다.

그뿐만 아니라 우리가 사용하는 칭찬의 언어는 다소 두루뭉술합니다. 예를 들어 잘생긴 사람이 두 사람 있다고 합시다. 이들은 각자 다른 이유로 잘생겼습니다. 한 사람은 코가 정말 오똑하고, 다른 한 사람은 눈이 크고 맑습니다. 그런데 이들에게 모두 '잘생기셨네요'라고 말한다면 어떨까요? 칭찬하고자 하는 포인트가 제대로 전달되지 않을 것입니다.

그렇기 때문에 저는 상대방의 좋은 점을 있는 그대로, 구체적으로 말하라고 추천합니다. "잘 그렸네!" 대신 "색이 참 화려한걸!"이라 말하고, "참 잘생기셨네요" 대신 "코가 정말 오똑하시네요"라고 **좋은 점을 콕 집어서 말하는 것**입니다. 요컨대 그 사람이 남들에게 뽐낼 수 있을 만한 자랑거리를 하나 만들어주는 것이죠. 이렇게 말하면 상대방도 내가 건넨 칭찬을 더 오래 기억하게 됩니다. 그뿐만 아니라 칭찬받은 자랑거리를 볼 때마다 자연스레 나를 떠올리게 될 것입니다. 다시 말해 구체적인 칭찬이란, 상대방에게 긍정적인 각인을 남기는 것과 같습니다. 좋은 관계를 쌓는 데 이만한 방법이 또 있을까요?

## 자연스러운 칭찬은 관찰에서 나온다

제가 구체적인 칭찬의 위력을 깨닫게 된 건 제 친구 덕분이었습니다. 힘든 일로 우울해하는 저를 위로하던 친구가, 삭발한 제 머리를 뚫어져라 보더니 갑자기 뚱딴지같은 소리를 늘어놓는 것이었습니다.

"그건 그렇고, 너 두상이 정말 예쁜데?"

아무런 맥락도 없이 튀어나온 두상 얘기에 당시엔 갑자기 무슨 소리냐며 웃어넘겼지만, 그 뒤로 거울을 볼 때마다 저도 모르게 제 두상에 눈이 갔습니다. 머리를 이리저리 거울에 비춰 보며 남몰래 미소를 지은 적도 있습니다. 몇 년이 지난 지금까지도 매끈하고 동그란 두상은 저의 자랑거리입니다. 이처럼 구체적인 칭찬은 듣는 사람의 가슴에 오랜 시간 지워지지 않는 자부심을 선사합니다.

이런 말을 건넬 때는 분위기도 중요합니다. 억지로 칭찬을 짜내거나 거짓말을 하는 것처럼 보이면 좋지 않습니다. 호들갑을 떠는 것처럼 보일 수 있으니까요. 오히려 무심하게 툭 던지듯 말하는 편이 상대에게 더 큰 울림을 선사할 수 있습니다.

이런 꾸밈없는 칭찬을 건네기 위해선 상대방에게 애정을 갖고 관찰할 필요가 있습니다. 상대방의 행동을 눈여겨보다 보면, 나도 모르게 가슴속에 어떤 느낌이 떠오를 때가 있습니다. 문득 모르고 있었던 상대방의 매력을 발견할 때도 있습니다. 그럼 그걸 그냥 말하기만 하면 됩니다. 화려한 미사여구로 꾸며낼 필요도 없습니다.

하지만 여전히 많은 사람이 마치 영업사원처럼 행동하면서 상대방에게 호감을 얻고자 합니다. 과장된 표현으로 알랑방귀를 뀌거나, 상대의 의향은 고려하지 않고 무작정 친근감을 표현하는 행동으로 상대방의 환심을 사려는 것입니다.

하지만, 결국 우리 곁에 남는 사람은 그런 사람들이 아닙니다. 자신을 포장하거나 감추면 그 모습에 반응한 사람들만 모이게 됩니다. 반대로 내가 느끼고 생각한 바를 있는 그대로 드러내면 그와 결이 맞는 사람들이 모입니다.

## 말로 표현하지 않으면 전해지지 않는다

가끔 부끄러워서 칭찬을 못 하겠다는 사람들도 있습니다. 하지만 당신이 상대에게 얼마나 큰 호감을 가지고 있든, 말하지 않으면 상대는 모릅니다. 말에는 힘이 있다고들 하지만, 말하지 않으면 그 힘도 말짱 도루묵입니다.

말에는 요리나 옷처럼 형태는 없지만, 그것들과 마찬가지로 사람의 기분을 좋게 만드는 힘이 있습니다. 더욱이 말은 한 사람의 인생을 구원하기도 합니다. 누군가의 말 한마디가 인생의 버팀목이 되었다는 얘기를 많이 들어봤을 겁니다. 당신은 이렇게나 강력한 힘을 가진 선물을 가지고 있습니다. 그것을 다른 사람들에게 베풀지 않는 것은 너무 아까운 일입니다. 아껴 봤자 다른 데 쓸 수도 없는데 말이죠.

만약 누군가에게 좋은 말을 해주면 상대는 기분이 좋아

져 더욱 좋은 모습을 보여주려 애쓸 겁니다. 그러면 당신 역시 상대의 노력에 기쁨을 느끼게 되고, 더 좋은 관계를 이어가기 위해 노력하게 됩니다. 이렇게 자연스레 관계의 선순환이 만들어집니다. 이런 순환 구조야말로 삶을 즐겁게 하는 인간관계의 비결이 아닐까요. 여러분도 부디 이런 선순환을 통해 자신의 삶을 뜻깊고 즐겁게 만들어 보길 바랍니다.

# 불편한 사람이
# 편안해지는 심리 기술

05

## 사소한 별명의 커다란 힘

제 친구의 이야기입니다. 회사에서의 인사이동으로 새로운 부서에 갔더니 상대하기 매우 까다로운 사람이 있었다고 합니다. 편의상 A 씨라 하겠습니다. 그 사람은 앞뒤가 꽉 막힌 성격에다 다른 사람의 말을 전혀 듣지 않는 사람이었습니다. A 씨의 성격에 다들 힘들어했지만, 그녀는 경력도 길었고 나이도 많았기 때문에 아무도 불만을 직접적으로 표현하지 못했습니다. 그래서 부서 사람들은 모두 A 씨를 대하는 문제로 쩔쩔매고 있었습니다.

걱정에게 먹이를 주지 마라

A씨와 같이 대화가 통하지 않는 사람은 어느 회사에나 꼭 한 명씩 있기 마련입니다. 사적인 관계라면 거리를 두면 그만이겠죠. 하지만 회사와 같은 공적인 자리에서는 좋은 관계를 유지할 필요가 있습니다.

그러던 중 제 친구가 아주 사소한 행동을 실행에 옮기자 그렇게 까칠하던 A 씨의 태도가 거짓말같이 부드러워지고 타인의 말에도 귀를 기울이게 되었다고 합니다.

그것은 바로 A 씨의 호칭을 바꾸어 부르는 것이었습니다. 보통 회사에서 사람을 부를 때는 "OO 씨"라고 이름을 부르거나 'OO 부장님'과 같이 직함을 부르는 게 일반적입니다. 그런데 제 친구는 A 씨에게만 일부러 'OO 언니'라고 부르기 시작했습니다.

그러자 평소 친근한 호칭으로 불린 적이 없던 A 씨는 적잖이 놀랐다고 합니다. 그녀는 "갑자기 왜 그래요? 남사스럽게"라고 말하면서도, 내심 싫지 않은 표정이었다고 합니다. 그 뒤로 부서의 분위기는 조금씩 풀어지기 시작했고, 머잖아 A 씨도 다른 동료들과 친밀한 관계를 맺게 되었습니다.

## 호칭은 역할을 부여한다

이 이야기를 듣고 '별명' 혹은 '호칭'의 효과가 흥미롭게 느껴졌습니다. 이전에 제가 겪었던 비슷한 경험이 떠올랐기 때문입니다.

제 상담소에 찾아온 내담자들은 보통 저를 '스기타 씨'라고 부릅니다. 한편 어릴 적 친구들은 '스기 짱', 유학 시절에 만난 친구들은 '다카시'라고 불렀습니다. 몇몇은 '스기 님'이라 부르기도 했고, 머리를 빡빡 밀었을 때는 '스님'으로 불리기도 했습니다. 제 이름은 하나뿐이지만, 저를 부르는 호칭은 아주 다양했죠.

흥미로운 점은 사람들이 저를 부르는 호칭에 따라 제 태도도 바뀐다는 점입니다. 예를 들어, 동창회에서 학창 시절 별명으로 불리면 과거로 돌아간 듯한 기분이 들며 평소와 달리 학생 때처럼 행동하게 됩니다. 어떤 사람은 직장에서 'OO 씨'라고 불릴 땐 냉철하고 프로페셔널한 모습을 보여주다가도 집에서 아이들이 "엄마"라고 부르면 한순간에 따뜻하고 다정한 엄마로 변합니다. 호칭에 따라 역할도 변하는 것입니다.

이렇듯 호칭은 사람들에게 커다란 영향을 미칩니다. 호칭은 말하는 사람과 듣는 사람 사이의 관계를 규정하는 주문이나 다름없기 때문입니다. 다시 말해 상대방을 특정한 호칭으로 부른다는 것은, '나는 이러한 역할을 맡을 테니 당신도 저러한 역할을 맡아 달라'라고 요구하는 것과 같습니다. 일종의 역할놀이처럼, 인간관계의 흐름에 상대방이 자연스럽게 동참할 수 있도록 판을 깔아주는 것이라고나 할까요?

그런 점에서 볼 때 제 친구가 A 씨를 친근하게 부른 건 나름 성공적인 선택이었던 셈입니다. 실제로 'A 언니'라는 친근한 호칭이 붙자 A 씨의 태도가 한결 부드러워졌으니까요. 호칭 하나로 상대에게 지금과는 정반대의 역할과 특성을 부여한 좋은 사례라 할 수 있습니다.

하지만 까다로운 사람이 상급자처럼 대하기 어려운 사람이라면 대놓고 별명을 부르기는 쉽지 않습니다. 그럴 땐 친한 동료들과 이야기할 때만이라도 그 사람을 별명으로 불러 보세요. 그마저도 힘들다면 마음속으로 혼자만의 별명을 붙여 주는 것도 좋습니다. 귀여운 별명을 붙여주면 그 사람을 대할 때 긴장이 풀릴 겁니다. 약간 마찰을 빚는다고 해도 '뭐, OO가 그렇다면 어쩔 수 없지'라며 가볍게 넘길 수 있습니다. 이 과정을 반복하다 보면 아무리 까다로운 상대라도 조금씩 편하고 친근하게 느껴질 것입니다.

# 4장

# 불안에게
# 먹이를 주지 마라

# 고민을 도피처로
# 삼지 마라

## 고민이 희망이 된다?

제 지인 중 음식점에서 일하는 사람이 있습니다. 그는 만날 때마다 항상 "독립해서 내 가게를 갖고 싶다"라는 꿈을 늘어놓았습니다. 그런데 10년 이상 똑같은 말을 하면서도 그의 독립 계획은 전혀 진척이 없어 보였습니다.

이렇게 '~만 할 수 있다면, 인생이 크게 달라질 것이다'라는 사실을 알면서도 정작 행동으로는 옮기지 않는 경우가 있습니다. 분명히 언제나 꿈꿔 온 일이라고 했으면서, 인생을 걸 각오도 되어 있다면서 정작 실천하지 않는다는 게 이상하지 않습니까? 그런데 이런 행동의 이면에는 뜻밖의 심리가 숨어 있는 경우가 많습니다.

바로 '고민에 중독되어 버린 상태'입니다. 제 지인은 오랫동안 독립을 꿈꿔 왔습니다. 하지만 실제 독립보다 독립을 꿈꾸는 일에 익숙해진 나머지, **꿈꾸는 일 자체에 중독되어 버렸습니다.** 꿈꾸는 동안은 '내가 이만큼 열심히 살고 있다'라는 자부심을 느낄 수 있기 때문입니다.

한 가지 이유가 더 있습니다. 바로 **고민하는 동안은 실패하지 않는다**는 것입니다. 실행하지 않으면 성공할 일도 없지만, 실패할 일도 없습니다. 계속 꿈을 꾸면서 '언젠가 이뤄지리라'라는 낙관적인 희망을 곱씹으며 하루하루를 살아갈 수 있습니다. 마치 좋아하는 상대에게 고백하지 않으면 차이는 일도 없는 것과 같습니다.

다시 말해 그는 '독립만 할 수 있다면…'이라며 고민하면서도 한편으로는 직접 해본 뒤 그 고민을 빼앗기게 되는 상황을 두려워하고 있는 것입니다. 그렇게 되면 희망마저 빼앗기게 되기 때문입니다. 독립에 대한 고민이 그의 마음을 괴롭히는 한편, '내가 이만큼이나 치열하게 살고 있다'라는

걱정에게 먹이를 주지 마라

감각 또한 선사한 것입니다. 이상하게 들리겠지만, 고민이
그의 마음을 편안하게 해주고 있었던 것입니다.


## '희망을 위한 희망'에 휘둘리지 않는다

이런 이야기를 들으면 '내가 하는 고민도 어쩌면 그저 도
전을 미루기 위한 핑계일지도 모른다'라는 생각에 불안해
질 수도 있습니다.

다음은 그런 생각이 들 때 판단에 도움을 주는 질문입
니다. 질문에 '예' 또는 '아니오'로 대답해 보기 바랍니다.

> '~만 할 수 있다면'이라고 말하면서 아무런 행동도 하지 않은 상태가
> **2년 이상** 지속되고 있는가?

이 질문에 대한 답이 '예'라면 당신이 하고 싶은 일은 희
망을 위한 희망이 되어 있을 가능성이 높습니다.

정말로 하고 싶은 일은 의식하지 않아도 자연스럽게 하

게 됩니다. 자신을 채찍질하거나 강한 의지를 가지고 열심히 노력하지 않더라도 말입니다.

즉 자신이 정말 하고 싶은 일이라면 '회사에 다니고 있어서 못 한다', '시간이 없어서 못 한다', '돈이 없어서 못 한다', '가족 때문에 못 한다'라는 핑곗거리에 굴하지 않고, **어떤 상황에서도 어떻게든 시간을 내서 하게 되어 있습니다.** 자기가 좋아하는 것이니까요.

만약 당신이 '상황이 정리되면 해야지'라고 미루며 아무리 시간이 지나도 하지 않는 일은 정말로 하고 싶은 일이 아니라, **그런 꿈을 꾸는 게 멋있어 보여서 골랐을 뿐인 일**일 수 있습니다.

심리상담을 하면서 이처럼 자신이 하고 싶은 일을 착각하는 사람들을 많이 만났습니다. 한번은 이런 일도 있었습니다. 어느 내담자가 회사를 그만두고 독립하고 싶어 했습니다. 하지만 문제는 준비가 전혀 안 되어 있다는 것이었습니다. 저는 그에게 이렇게 물었습니다.

"만약 지금 회사 동료들과의 관계가 좋아진다면 어떻게 하시겠습니까?"

그러자 그는 이렇게 답했습니다.

"그렇다면 독립을 하지 않을 것 같아요."

그가 정말로 하고 싶은 일은 독립이 아니었습니다. 그는 그저 좋은 인간관계 속에서 일하고 싶은 것이었습니다. 그런데 정작 본인은 자신이 하고 싶은 일을 독립이라고 착각하고 있었습니다. '이런 인간관계로는 일하기 싫다'라는 생각이 '이런 회사에서는 일하기 싫다'라는 생각으로 둔갑해 버렸던 것입니다.

진심으로 독립하고 싶다는 생각을 한 것이 아니다 보니 독립 준비에 진전이 없는 것은 당연했습니다. 아마 독립은 회사 사람들과의 관계가 어색한 상황에서 도망치고 싶다는 생각에서 무리하게 만들어 낸 목표였을 것입니다.

이처럼 하고 싶은 일을 착각한 상태에서는 제대로 된 고민을 하지 못합니다. 인간관계를 개선할 방법을 고민해야 하는데, '(원래 하고 싶은 일이 아닌) 독립을 위한 준비에 진척이 없다'는 쓸데없는 고민까지 끌어안고 끙끙대게 됩니다.

저 역시 그랬습니다. 희망을 위한 가짜 희망을 진짜 하고 싶은 일로 착각하여 상당히 먼 길을 돌아와야만 했습니다.

당신도 자기 마음속에 세워둔 '하고 싶은 일'을 잘 들여다보기 바랍니다. 어쩌면 당신의 꿈 역시 어떤 것으로부터 도망치기 위해 무리하게 세운 목표일 수 있으니까요.

# 포기해도
# 행복해질 수 있다

## 꿈을 가지라는 말에 휘둘리는 시대

앞에서 우리는 '자신이 정말로 무엇을 하고 싶은 건지 잘 모르겠다'라는 고민에 관해 이야기했습니다. 저는 이런 고민을 가진 내담자들과 이야기하면서 다음과 같은 사람들이 생각보다 많다는 것을 알게 되었습니다.

- 눈앞에 있는 '하고 있는 일'을 무시하고, 또 다른 '하고 싶은 일'을 찾으려 한다.
- 나만의 꿈이 없다고 하기엔 창피하니까 그럴듯해 보

이는 목표를 세우지만, 사실 필사적이진 않다.

- 자신에게 재능이 부족하다고 느끼면서도, 이제 와서 포기하기엔 너무 늦었다고 생각한다. '노력하면 언젠가 빛을 볼 것'이라고 합리화한다.

이런 사람들이 고민에 몸부림치는 이유는 너무나도 당연합니다. 원래 하고 싶은 일이란 자신의 내면에서 감각적으로 솟아오르는 것인데, 그렇지 않은 일을 억지로 좋아하려고 하니까 괴로워질 수밖에 없는 거죠.

그렇다면 어째서 요즘 그런 사람들이 유독 많아졌을까요? 그것은 지금의 시대가 '꿈을 갖자!'라거나 '포기하지 않으면 꿈은 이루어진다!'라는 말이 진리처럼 인식되고 있는 시대이기 때문입니다. 그러니 모두가 싫든 좋든 하고 싶은 일을 정해야만 하고, 하고 싶은 일이 없으면 이상한 것이며, 나아가 그것을 이루기 위해 뼈를 깎는 노력을 해야 한다고 생각하게 된 것입니다. 하지만 이런 생각은 상당히 최근에야 생긴 변화입니다.

## 포기하지 못해서 괴로워진다

과거에는 하고 싶은 일보다 '어떻게 해서 먹고 살 것인가' 가 우선이었기 때문에 어른이 되어 자신이 하고 싶은 일을 하겠다고 하면 어른들에게 이런 비난 섞인 말을 듣곤 했습니다.

"그런 일로 밥벌이가 되겠어?"

"정신 차리고 현실적으로 생각해!"

상황이 이렇다 보니 당시에는 하고 싶은 일을 포기해야 하는 경우가 많았습니다. 하지만 요즘은 다릅니다. '포기하지 않으면 꿈은 이루어진다!'라는 말이 신념처럼 자리 잡은 요즘, 현실적인 측면을 걱정하는 말들은 시대에 뒤떨어졌다며 묻히게 되었습니다.

현대 사회에서는 하고 싶은 일을 사회나 주위 사람들이 존중해 줍니다. 반대로 생각하면 아무도 "포기해!"라는 말을 하지 않는 시대가 되었습니다. 그만큼 개인에게 하고 싶은 일에 대한 선택권이 과거에 비해 훨씬 많이 주어져 있습니다.

사람들이 '무엇을 하고 싶은지 잘 모르겠다'라며 고민하는 것은, 어쩌면 **'꿈에 대한 선택의 여지가 너무 많아진 탓'**이라고도 할 수 있겠습니다. 요즘 같은 세상에서는 누구나 무엇이든 될 수 있다고들 합니다. 이는 반대로 말해 누가 무엇을 할지 하나부터 열까지 스스로 찾고 정해야 한다는 뜻이기도 합니다. 어떻게 보면, 현대인들은 꿈을 정하는 데에 더 커다란 자유가 생긴 만큼 꿈을 이루는 데에 그만큼 더 무거운 책임을 지고 있는 것일지도 모르겠습니다.


## 꿈을 포기하더라도 괜찮다

다만, 여기서 오해하지 않았으면 하는 게 있습니다. 저는 '하고 싶은 일을 포기하라'라고 말하려는 게 아닙니다. 하고 싶은 일을 할 수 있다는 것은 더없이 기쁜 일이고, 하고 싶은 일에 대해 '나도 할 수 있다!'라는 희망을 갖는 것 역시 중요합니다.

하지만 제가 하고 싶은 말은, **'역경을 딛고 멋지게 꿈을 이뤄낸 삶'이 아닌 인생에도 충분히 가치가 있음**을 기억하라는 것입니다.

일본의 유명 개그맨 시마다 신스케 씨는 자신이 진행하고 있는 개그맨 공개 오디션 'M-1 그랑프리'의 기획 의도를 묻는 기자의 질문에, '재능이 없는데도 계속 개그맨을 하겠다고 설치는 녀석들을 포기하게 만들기 위해'라고 밝힌 적 있습니다.

그의 설명에 따르면 개그맨을 꿈꾸는 사람들은 크게 세 부류로 나뉩니다. 첫 번째 부류는 재능이 있는 사람들로, 이들은 개그맨이 되면 행복해질 수 있습니다. 두 번째 부류는 재능이 없다는 것을 깨닫고 그만두는 사람들로, 이들은 그만두면 행복해질 수 있습니다.

끝으로 가장 불행한 이들은 자신이 재능이 없다는 것도 모르고 계속하는 사람들입니다. 상당히 많은 사람이 여기에 속합니다. 개그맨이 되려는 노력을 그만두지 않으면 이들은 앞으로도 계속 불행해질 것입니다. 그래서 시마다 신스케 씨는 'M-1 그랑프리'의 출전 조건을 경력 10년 이내로 정해 두고 있습니다. '10년이나 했는데 데뷔하지 못한다면 다른 길을 찾아라'라는 것이 이 대회를 기획한 진짜 속마음인 겁니다.

하지만 어떤 개그맨 지망생은 이렇게 얘기할 수도 있겠죠. '하고 싶은 일을 포기하면, 포기했다는 사실 때문에 인생이 불행해질 수도 있지 않을까요?'라고요. 이해합니다. 사실 세상에는 꿈을 이루라는 이야기를 하는 사람은 넘치도록 많지만, 꿈을 포기할 줄 알아야 한다고 말하는 사람은 드뭅니다. 그러므로 '하고 싶은 일을 포기한다'는 것은 있을 수 없는 일이고, 인생이 끝나는 것이나 다름없다고 생각하게 될 수도 있습니다.

하지만, 하고 싶은 일을 포기한다고 해서 인생이 끝나는 것은 아닙니다. 오히려 인생에는 다양한 삶의 방식이 있다는 사실을 깨닫게 될 수도 있습니다.

당연한 얘깁니다. 모든 사람이 꿈을 이룰 수 있다는 얘기는 사실 빛 좋은 개살구 같은 얘깁니다. **꿈을 이루는 이야기에 사람들이 열광하는 이유는 현실에 꿈을 이루지 못하는 사람들이 그보다 훨씬 많기 때문**입니다. 모두가 꿈을 이룬다면 "꿈을 이뤄내라"라는 말은 하나 마나 의미 없는 소리겠죠.

이처럼 현실에는 어쩔 수 없이 꿈을 포기해야 하는 사람들이 많습니다. 그렇기 때문에 꿈을 포기하는 것 또한 삶의 한 방식이라는 사실을 모두가 알아주었으면 합니다. 꿈을 이루지 못한 삶이 괴로워지는 이유는, 포기가 그 자체로 나쁘거나 무가치한 일이어서가 아니라, 포기한 자신을 받아들이지 못하기 때문입니다.


## 포기한다는 것의 진짜 의미

사실 '포기'라는 말 자체의 이미지는 그다지 좋아 보이지 않습니다. 아마도 패배하거나 도망친다는 느낌이 들어서일 것입니다. 하지만 제가 생각하는 '포기'의 의미는 일반적인 의미와는 조금 다릅니다.

제가 말하는 '포기'란, 자신의 한계를 받아들인다는 의미입니다. 만약 여러분이 어느 날 다리에 부상을 당해 걸음이 불편해졌다고 합시다. 그런 여러분이 가파르고 높은 계단을 올라가려 한다면, 과연 올라갈 수 있을까요? 절대로 불가능할 것입니다.

제게 있어서 '무슨 일이 있어도 포기하지 않는다'란 태도는 오르지 못하는 높고 가파른 계단을 바라보며 이러지도 저러지도 못하고 허송세월하는 것처럼 보입니다. 그 끈기만큼은 인정할 만합니다. 그러나 괜한 고집과 욕심은 자신과 주변 사람을 피곤하게 만들 뿐이라는 사실을 기억해야 합니다.

반대로 제게 있어 '포기할 줄 안다'란, 자신의 한계를 받아들이고 다른 길을 찾는 일과 같습니다. 여기엔 다양한 방법이 있겠죠. 불편한 다리로도 충분히 걸어 올라갈 수 있는 야트막한 경사로를 찾거나, 아예 다른 목적지를 찾아보는 것처럼 말입니다. 계단은 여러 방법 중 하나일 뿐, 정답이 아닙니다.

세상에는 자신이 계단을 오를 수 없다는 것을 인정하지 못해, 낙담한 채로 계단 앞에 굳어져 버린 사람들이 많습니다. 자신의 재능을 너무 높게 평가한 나머지 계단을 오를 수 없다는 사실을 받아들이지 못하는 것이죠. 그로 인해 이들은 다른 길을 선택하지도 못합니다. 이런 사람들은 어떻게 해야 할까요? 간단합니다. 못하는 걸 못한다고 인정하면 됩니다.

걱정에게 먹이를 주지 마라

## 한계를 받아들이면 새로운 희망이 보인다

"좋아하는 음식이 무엇이죠?"라는 질문을 받으면 쉽게 대답할 수 있지만, "하고 싶은 일이 무엇이죠?"라는 질문을 받으면 쉽게 답하기 어렵습니다.

그 이유는, 자신이 하고 싶은 일은 '다른 사람들이 대단하다고 생각할 만한 일', '고도의 전문성을 요구하는 일'이었으면 하기 때문입니다. 만약 누군가 당신에게 '식당 종업원으로서 최고의 재능을 가졌다'라고 말하면 어떤 기분이 들 것 같나요? '내가 그렇게 평범한 재능을 가졌을 리가 없어, 다른 특별한 것이 있을 거야…'라는 생각이 들지 않을까요? 식당 종업원으로서의 재능도 소중한 재능인데 말입니다. 이런 생각이 드는 이유가 바로 자기 자신에 대한 기대가 높기 때문입니다.

하지만 이처럼 스스로에 대해 너무 높은 기대치를 갖고 살다 보면 점차 자신의 진짜 모습에서 멀어지게 되고, 결국 괴로운 나날을 보내게 됩니다.

자신의 한계를 받아들이지 않으면 보이지 않는 것이 있습니다. 앞에서 소개한 시마다 신스케 씨의 이야기는 자신의 한계를 받아들인 사람의 가능성에 대한 이야기입니다. 조금 이상하게 들릴지 모르지만, 하고 싶은 일을 포기하는 것 역시 행복해지는 방법 중 하나라는 사실을 알려주는 사례라 생각합니다.

사람들은 희망이 없으면 계단을 오르려 하지 않습니다. 하지만 제때 포기하지 못하면 계단 앞에서 멈춰 서게 됩니다. **인생에는 '희망'과 '포기' 둘 다 필요합니다.** 중요한 것은 둘의 균형입니다. 어느 한쪽이 사라지면 삶이 힘들어집니다.

자신에게 물어보세요. 당신이 지금 고민하는 이유는 '하고 싶은 일'에 대한 희망이 부족하기 때문입니까? 아니면 포기가 두렵기 때문입니까?

# 인생의 '현타'를
# 극복하는 법

## 인생은 존재와 행위의 칵테일

이 장에서는 특히 요즘 사람들이 많이 하는 고민에 대해 이야기해볼까 합니다. 바로 '내가 뭘 하고 있는건지 모르겠다'라는 고민입니다. (시쳇말로 '현타', 즉 '현실 자각 타임'이라고도 하죠.)

그런데 이 고민에 대한 답변은 고민하는 사람의 성격에 따라 그 대답도 달라집니다. 이를 위해 먼저 자신이 어떤 유형의 사람인지 점검해 볼 필요가 있습니다. 이 유형이란 '행위 중시 유형'과 '존재 중시 유형'입니다. 이렇게만 말하면 이해가 어려울 테니, 조금 더 자세한 설명이 필요하겠네요.

다음은 어느 날 텔레비전을 보다가 들은 얘기입니다.

"어른들은 어린이들에게 '꿈을 가지렴'이라는 말을 자주 하는데, 제겐 조금 무책임한 발언으로 들립니다. 꿈을 가진다고 해서 전부 이룰 수 있는 건 아니거든요. 꿈에 대한 기대가 크면 클수록 꿈을 이루지 못했을 때의 절망도 커지는 법입니다.

저는 이렇게 생각합니다. 인생은 '일으키는 일'과 '일어나는 일'의 칵테일 같은 것이라고요. 살다 보면 내가 직접 원하는 일을 일으키는 순간도 있습니다. 반대로 내 의지와 상관없이 일어나는 일을 받아들여야 하는 순간도 있습니다. 두 가지 태도 모두 중요합니다. 어느 한쪽만으로 살아갈 수는 없습니다.

둘 중 어느 쪽에 중심을 두고 살아갈 것인지는 본인의 선택입니다. 요컨대, 목표를 성취하는 것만이 바람직한 인생인 건 아니라는 얘깁니다. 현대 사회에서는 내가 전혀 예상치 못한 일이 하루에도 몇 번씩 일어납니다. 원하지 않지만 해야 하는 일도 많습니다. 이 모든 것을 받아들이고 조율하면서 살아가는 인생도 결코 단순하거나 무의미한 삶이 아닙니다. 오히려 그렇게 살아가는 사람들이야말로 이 사회를 지탱하고 있는 주춧돌이라고 할 수 있습니다."

위 이야기는 사람이 살아가는 데 있어 중요하게 여겨지는 두 개의 가치관에 관한 이야기입니다. 저는 이 중에서 '일으키는 일'을 중시하는 사람을 '행위 중시 유형'이라고 부릅니다. 이들에게 중요한 건 행위, 즉 '무엇을 하느냐'입니다. 이들은 열심히 노력해서 외적인 목표를 성취해 내는 것이야말로 멋진 인생이라고 생각합니다.

반면 '존재 중시 유형'은 '일어나는 일'을 중시하는 사람입니다. 이들에게 중요한 건 존재, 즉 삶을 유지하는 것 그 자체입니다. 이들은 외적인 성취보다 내적인 안정을 추구하며, 자신의 삶을 가꾸고 돌보는 데에 더욱 관심이 많습니다.

당신은 행위 중시 유형과 존재 중시 유형 중 어느 쪽에 해당합니까? 갑자기 이런 질문을 받으면 답하기 어려울 것입니다. 그도 그럴 것이, 어느 한쪽만 바라보고 살아가는 사람은 드물기 때문입니다. 모든 사람은 행위와 존재 양쪽

## '행위 중시 유형'과 '존재 중시 유형'

| 행위<br>중시<br>유형 | 행위가 중요함. 무언가를 성취해 내는 것이야말로 멋진 것이다. |
|---|---|
| 존재<br>중시<br>유형 | 존재 자체가 중요함. 살아있는 것 자체가 멋진 것이다. |

의 균형을 잡으려 노력하며 살아가고 있습니다.

하지만 사람인 이상 완벽할 수 없기 때문에, 둘 사이에서 완전한 균형을 잡는 사람도 없습니다. 누구나 어느 한쪽에 조금 더 무게를 싣기 마련입니다. 자신은 둘 중 어느 쪽을 더 중시하는 사람인지 잘 생각해 보길 바랍니다. 자신이 어떤 유형인지에 따라 '내가 지금 뭘 하고 있는 건지 모르겠다'라는 질문에 대한 답도 달라질 테니까요.

걱정에게 먹이를 주지 마라

## 현타에도 유형이 있다

행위 중시 유형과 존재 중시 유형 모두 "내가 지금 뭘 하고 있는 건지 잘 모르겠다"라고 고민하지만, 실은 이들은 각자 다른 고민을 하고 있습니다. 한번 그 숨은 뜻을 살펴보도록 하죠.

먼저 행위 중시 유형부터 설명하겠습니다. 이들은 삶에서 외적인 목표의 달성과 성취를 중요하게 생각하기 때문에, 무엇이든 일단 열심히 하려고 합니다.

하지만 이렇게 열심히 하는 모습은, 사실 **'아무것도 하지 않고 가만히 있는 나는 가치가 없다'**라는 마음의 발현일수 있습니다. 있는 그대로의 자기 자신을 긍정하지 못하는 것이죠. 다시 말해 행위 중시 유형에 속하는 사람들은 '아무것도 하지 않는 나'를 용납하지 못하고, 그로부터 계속해서 도망치려고 합니다. 그래서 무슨 일이든 상관하지 않고 열심히 도전하고 노력하려는 경향을 보입니다.

문제는 그 일이 자신에게 잘 맞지 않을 때 발생합니다. 이 일이 나의 삶과 행복에 어떻게 도움을 줄 수 있을지 장기적으로 따져 보지 않은 채 무작정 시간과 노력을 쏟다 보면 하고 있는 일과 실제 자신의 모습 사이에 괴리가 생깁니다. 그러다 보면 자신이 하고 있는 일에 의문이 생기고 위화감마저 들게 됩니다. 행위 중시 유형은 바로 이럴 때 '내가 지금 뭘 하고 있는 건지 모르겠다'라는 의문을 가지게 되는 것입니다.

그렇다면 존재 중시 유형은 어떨까요. 이들은 기본적으로 있는 그대로의 자기 자신을 긍정하는 성향이 강하기 때문에, 공부나 일에 열중하지 않더라도 자신의 정체성을 지키며 살아갑니다.

그러나 존재 중시 유형도 대략 서른 살 전후가 되면 다음과 같은 생각을 하게 됩니다.

'왠지 나만 너무 대충 사는 것 같은데…?'

'다른 사람들은 열심히 사는데, 나만 노력하지 않는 것 같네…'

이처럼 존재 중시 유형은 자기 주변 사람들, 특히 행동 중시 유형을 보며 뒤처지는 느낌을 받게 됩니다. 어릴 때는 느끼지 못했는데, 몇 년 사회생활을 하고 시야가 넓어지고 나니 차이가 눈에 들어오게 된 것입니다.

걱정에게 먹이를 주지 마라

그리하여 존재 중시 유형도 조급함을 느끼고 자격증이나 재테크 같은 이것저것에 도전하게 됩니다. 그러나 존재 중시 유형의 경우 자아, 가족, 친구 등 내적이고 인격적인 관계에서 행복을 얻는 경향이 강하므로, 혼자 깊게 파고들어 성과를 내야 하는 일에는 진득하게 매달리지 못합니다.

그러다 보면 생각한 대로 제대로 해내지 못하는 자기 자신에 대해 자책하고 낙담하게 됩니다. 그러면서 **타인이 이뤄낸 것에 비해 자신이 이뤄낸 것이 보잘것없다**는 생각에 신경을 쓰고 스트레스를 받게 되죠. 이럴 때 존재 중시 유형은 '내가 지금 뭘 하고 있는 건지 모르겠다'라는 생각을 하게 됩니다.

위에서 한 이야기를 요약하면 다음과 같습니다. 행위 중시 유형은 있는 그대로의 자기 자신(존재)을 긍정하지 못해서 고민합니다. 반면 존재 중시 유형은 자신이 제대로 노력해서 이뤄낸 것(행위)이 없다는 생각 때문에 고민합니다.

이처럼 두 유형은 서로 다른 이유 때문에 고민합니다. 그러나 두 고민의 뿌리는 같습니다. 바로 행위와 존재 중 어느 한쪽만을 중시한 나머지 삶의 균형을 제대로 잡지 못했다는 것입니다. 이렇게 무너진 균형을 회복하기 위해선 어떻게 해야 할까요? 그 방법은 이어지는 글에서 자세히 살펴보도록 하겠습니다.

걱정에게 먹이를 주지 마라

# 지금 하는 일에서
# 의미를 찾아라

## 행위 중시 유형의 현타 극복법

우선 행위 중시 유형의 이야기부터 해보겠습니다. 행위 중시 유형이 고민하게 되는 원인은 있는 그대로의 자기 자신을 긍정하지 못한다는 문제 때문이었습니다.

그렇다면 있는 그대로의 자신을 긍정하는 연습을 해라, 라고 말할 수도 있습니다. 하지만 행위 중시 유형에게 그런 생각은 낯설고 낯간지럽게 느껴질 수 있습니다. 뭐라도 하지 않으면 불안한 사람들이니까요.

이런 사람들에겐 **노력과 결과를 분리해서 생각하는 연습**

이 큰 도움이 됩니다. 눈에 보이지 않는 노력을 눈에 보이는 것으로 만들어 보는 것입니다. 생각해 보면 결과는 단지 증표일 뿐, 정말로 사람을 성장시키는 것은 노력입니다.

예를 들어, 외국어 자격증을 취득하려 공부하는 경우를 생각해 봅시다. 이때 외국어 실력은 우리가 매일 조금씩 공부하는 와중에 조금씩 늘어나는 것이지, 자격증을 얻는 순간 갑자기 늘어나는 것이 아닙니다. 다시 말해 자격증이라는 결과를 얻지 못하더라도, 매일 노력한 사람과 그렇지 않은 사람 사이에는 하늘과 땅처럼 큰 차이가 납니다.

요컨대 행위 중시 유형이 마음의 힘을 회복하고 고민을 해결하기 위해서는, '오늘도 열심히 노력했군! 좋아, 이걸로 충분해'라고 생각하는 훈련을 해야 합니다. 이를 위해선 노력하는 과정을 날마다 글과 사진 등으로 남겨 보는 것이 좋습니다. 조깅을 했다면 열심히 뛰고 난 후 자신의 모습을, 공부를 했다면 읽은 책과 필기한 내용을 기록해 봅시다. 보이지 않던 것을 보게 될 때, 당신의 고민은 비로소 해결될 것입니다.

## 존재 중시 유형의 현타 극복법

이제 존재 중시 유형의 이야기를 해봅시다. 존재 중시 유형이 고민하게 된 원인은 자신이 제대로 이뤄낸 게 별로 없다는 생각 때문이었습니다.

이런 사람들에겐 **성과를 판단할 기준을 바꿔 보는 연습**이 큰 도움이 됩니다. 예를 들어, 흔히 성과라고 하면 돈을 벌어들이거나 시험에 통과하는 일 등을 생각합니다. 물론 그것은 훌륭한 성과입니다. 하지만 그렇다고 해서 그것이 전부라는 말은 아닙니다.

예를 들어 가족이나 친구들과 좋은 관계를 유지하는 것, 영양가 있는 음식을 챙겨 먹는 것, 자신과 잘 맞는 취향을 발견하거나 집을 깨끗이 정리하고 청소하는 것 또한 인생을 살아감에 있어 중요한 성과라고 할 수 있습니다.

아마 이런 것들은 존재 중시 유형의 사람들에게 익숙한 일일 것입니다. 그렇다면 그것을 자신의 성과로 삼고 살아가면 됩니다. 하지만 성과란 좀 더 사회적으로 인정받고 자랑할 만한 것이어야 한다는 고정관념에 빠져 있는 탓에, 계속해서 불안함에 빠져 있는 것입니다.

요컨대 행위 중시 유형의 사람들에겐 '겨우 이런 걸로 자랑스러워해도 될까…'라는 불안감이 깔려 있습니다. 괜찮습니다. 얼마든지 자랑스러워하세요. 자신의 삶을 스스로 지탱하는 것이야말로 인간이 살아가는 궁극의 목표니까요.

## 해답은 생각보다 가까이에 있다

제가 위에서 늘어놓은 솔루션에는 한 가지 공통점이 숨겨져 있습니다. 바로 **이미 하고 있는 일에서 의미를 찾으라는 것**입니다.

'내가 지금 뭘 하고 있는 거지?'라는 질문에 사로잡히면, 왠지 지금까지 해 왔던 일은 빛바랜 것처럼 보이고, 당장이라도 일상을 벗어나 새로운 목표를 찾아야할 것 같은 생각이 듭니다. 하지만 그럴 필요가 없습니다. 정말로 하고 싶은 일은 애써 찾아야 할 대상이 아니라, 의식하지 않은 채 자신이 이미 하고 있는 것이기 때문입니다. 마치 동화 속 치르치르와 미치르가 파랑새를 찾은 곳이 자신들의 집이었던 것처럼 말입니다.

걱정에게 먹이를 주지 마라

다르게 말하면 '내가 지금 뭘 하고 있는 거지?'라는 질문이 생긴다는 것은 그동안 만족스럽게 해 왔던 일에 약간의 위화감을 느끼고 있다는 얘기입니다. 그런데 이 위화감은 아주 잠깐의 위화감일 뿐입니다. 지금 나를 고민하게 만드는 그 일이 한때 자신의 가슴을 뛰게 했던 일이라는 사실을, 당신은 잊고 있습니다. 이 위화감을 계기로 새로운 인생을 살아보는 것도 괜찮은 방법이겠으나, 모두가 꼭 그래야만 하는 건 아닙니다. 반대로 위화감을 진정시키고 일상으로 돌아가는 것도 충분히 좋은 방법입니다.

이를 위해 행위 중시 유형에겐 '목표 달성'이라는 그간의 행동 패턴을 유지하되, 그 목표를 '결과'가 아닌 '노력'으로 바꾸어 볼 것을 추천한 것입니다. 한편, 존재 중시 유형에겐 '자기 긍정'이라는 행동 패턴을 유지하되, 그것을 '만족'이 아닌 '성과'로 인식해볼 것을 추천한 것입니다.


## 진짜 하고 싶은 일을 찾는 법

여기까지 설명을 들어도, 여전히 내면의 의문이 풀리지

않는 사람도 있을 것입니다. 당연합니다. 그리 쉽게 해결될 문제가 아니니까요. 그런 분들을 위해 '내가 진짜 하고 싶은 일이 무엇인지 깨닫게 하는 질문'을 준비했습니다.

**"평소 '그렇게까지 할 필요가 있을까'라고 생각하면서도 자신도 모르게 자꾸 하게 되는 일은 무엇인가?"**

예를 들어, 저는 매일 상당히 많은 메일을 받습니다. 받은 메일에 바로바로 답신을 하려고 노력하고 있습니다만, 답장을 쓸 때면 어쩐지 상대를 웃겨야 한다는 이상한 사명감에 사로잡히곤 합니다. 그러다 보면 '굳이 이렇게까지 할 필요가 있을까'라고 생각하면서도 결국 웃기는 표현을 메일에 쓰곤 합니다.

이렇게 '남들이 알아주는 것도 아닌데 어쩐지 자꾸 하게 되는 일' 중에 자신이 정말 좋아하는, 정말 하고 싶은 일의 힌트가 숨겨져 있습니다. 저의 경우는 '사람들을 웃기고 싶다'가 그 힌트입니다. 저는 사람들이 제 농담을 듣고 웃어 줄 때 큰 만족감을 느낍니다. "스기타 씨, 정말 재미있으시네요!"라는 말을 들으면 너무 기뻐서 하늘을 나는 것 같은 기분입니다. 즉, 제가 정말로 좋아하는 일이란 다른 사람을 즐겁고 편안하게 만들어주는 일입니다. 이것을 직업의 형태로 만든 것이 바로 상담사라고 할 수 있겠죠.

이처럼 '하고 싶은 일', '좋아하는 일'이란 어렵고 복잡한 문제처럼 보이지만, 알고 보면 어처구니없을 정도로 단순하고 평범한 것일 수 있습니다. 너무 평범하다는 사실에 실망할 수도 있지만, 있는 그대로의 내 모습을 보는 것 또한 진정한 나를 알아가는 방법이 아닐까 생각합니다.

그러고 보니 예전에 '하고 싶은 일이 무엇인지 깨닫게 하는 질문'에 누군가가 이렇게 대답한 적 있습니다.

"컴퓨터 최적화 작업을 실행해 놓고 진행되는 상태를 가만히 보고 있는 것이 좋아요."

이상한 대답이라고 생각할 수 있지만, 여기에도 그 사람이 정말 하고 싶은 일에 대한 힌트가 숨겨져 있습니다. 어쩌면 그는 어질러져 있는 무언가가 정리되어 가는 과정을 좋아하는 것일지도 모릅니다.

그렇다고 그것을 단순히 '청소를 좋아한다'라고 생각할

것이 아니라 좀 더 넓게 생각해야 합니다. 예를 들어, 이 사람은 '정보를 정리하는 일을 좋아하는구나' 등으로 발전시키는 것입니다. 그런 특성을 가진 직업을 갖게 되면 즐겁게 일할 수 있겠죠.

하고 싶은 일이 무엇인지 깨닫게 하는 질문의 답을 힌트로 하여 자신이 무엇을 하고 싶은지 찾을 수 있을 것입니다. 그러니 다들, 자신만의 '이렇게까지 하게 되는 일'을 잘 생각해 보길 바랍니다.

# 하고 싶은 일과 해야 하는 일의 균형

05

## 하고 싶은 일만 하면 쉽게 질린다

다음은 고기를 좋아하는 X 씨와 그의 친구 Y 씨가 나눈 대화입니다.

> X : "나는 고기를 너무 좋아해. 일주일에 한 번은 꼭 고깃집에 가는 것 같아. 더 자주 먹으러 갈 수 있으면 좋을 텐데."
> Y : "그렇게 고기가 좋아? 보통 얼마나 먹어?"
> X : "아마 내가 먹는 것 중에서 30% 정도는 고기인 것 같아."
> Y : "그럼 나머지 70%가 밥, 채소, 과일, 어패류라는 거네. 그렇게 좋으면 고기 먹는 비율을 더 늘리면 되지 않아?"
> X : "그러면 고기 비율을 80%까지 늘려 볼까?"

일주일 후, X 씨는 여전히 고기가 좋을까요? 오히려 질려 버리겠죠. 사실 말도 안 되는 대화였지만 이어질 내용의 이해를 돕기 위한 예시이니 이해해 주길 바랍니다.

이 대화에서 말하고 싶은 것은 다음 두 가지입니다. 첫째, 정말 좋아하는 고기라도 너무 자주, 많이 먹으면 별로 먹고 싶어지지 않습니다.

예를 들어, 글쓰기를 좋아하는 사람이 공모전에 작품을 출품하기 위해 회사도 그만두고 온종일 방 안에 틀어박혀 몇 시간씩 글만 써야 한다면 즐거울까요? 대부분은 그렇지 않을 것입니다.

또한, 업무에 치여 바쁜 나날을 보내던 회사원이 '퇴사하고 여유롭게 인생을 즐기고 싶다'라고 생각한 경우는 어떨까요. 막상 회사를 그만두고 한가해지면 즐거운 것도 잠깐, 머지않아 줄어드는 잔고를 보며 조급해지겠죠.

이와 비슷한 경우를 주변에서 흔히 볼 수 있습니다. '마음껏 글을 쓰고 싶다', '한가롭게 시간을 보내고 싶다'라는 이들의 마음은 분명 진심일 것입니다. 하지만 식사 중 고기를 먹는 비율을 30%에서 80%로 늘렸을 때와 마찬가지로,

하고 싶은 일의 비율을 잘못 설정하면 그 즐거움은 줄어들기 마련입니다.

## 균형이야말로 즐거움의 핵심이다

둘째, 아무리 고기를 좋아하더라도 밥, 채소, 어패류, 과일 등 입가심할 존재가 필요합니다.

물론 가장 하고 싶은 일은 하나로 정하는 편이 알기 쉽고 깔끔합니다. 하지만, 사람이 오직 그것만으로 살 수는 없습니다. 고기를 맛있게 먹을 수 있는 이유는 밥이나 채소가 있기 때문인 것처럼 말입니다.

**즉, 하고 싶은 일, 좋아하는 일 주변에는 그것을 돋보이게 만들어 줄 다른 일이 필요하다는 말입니다.** 그러나 이 사실을 당사자들은 대부분 인지하지 못하고 있습니다. 오히려 방해가 된다고 생각하죠.

예를 들어, 제 주변에는 취미를 직업으로 삼겠다며 원래 다니던 회사를 때려치우고 나와 새로운 길에 도전하는 사람들이 종종 있습니다. 하지만 그들은 머지않아 한 가지 공통적인 난관에 부딪히게 됩니다. 바로 취미가 일이 되니 재미가 없다는 난관입니다.

물론 열정을 불태우며 이러한 난관을 슬기롭게 넘기는 사람들도 있지만, 그렇지 않은 사람들은 결국 어영부영 시간을 보내다가 모아둔 돈이 바닥을 보이면 불안해져 결국 다시 회사원이 되곤 합니다.

어째서 취미가 일이 되면 재미가 없는 것일까요. 어쩌면 이렇게 생각해 볼 수도 있겠습니다. 취미가 즐겁고 좋았던 것은 회사에 다녔기 때문이라고 말입니다. 잠깐의 취미생활이 주는 재충전의 감각과, 취미 시간을 마음 놓고 즐길 수 있게 해준 경제적 안정이야말로 취미를 즐길 수 있었던 기반이었을지도 모릅니다. 다시 말해, '한정적 시간'과 '경제적 안정'이라는 밥과 채소가 '취미생활'이라는 고기를 더욱 맛있게 만들어 준 것입니다.

이런 사람의 경우, 현시점에서는 회사를 그만두는 것이 아니라 회사에 다니면서 취미 활동을 병행하는 것이 최고의 선택입니다.

물론 저는 '취미가 일이 되면 안 된다'라는 말이 모든 상황에 적용된다고 생각하지는 않습니다. 다만, 단순히 하고 싶은 일의 비중을 늘린다고 해서 그것이 반드시 행복으로 이어지는 것은 아니라는 사실에는 동의합니다. 즐길 수 있는 시간이 한정적이기 때문에 그 일을 더 좋아하게 되는 경우도 꽤 많습니다.

무언가를 하는 비중을 늘리면 다른 일의 비중이 줄어듭니다. 이렇게 줄어드는 것 중에 당신이 미처 깨닫지 못한 '진짜 중요한 것'이 섞여 있을 수도 있습니다. 당신도 회사를 때려치우고 싶다면, 위 이야기를 잘 곱씹어 보세요. 당신도 취미의 즐거움에 정신이 팔려 정말 중요한 것을 놓치고 있을지도 모릅니다.

# 억지로 결정하지 않아도 괜찮다

## 하나로 정해 버리면 빈약해진다

회사에 다니면서 마음속에 따로 하고 싶은 일을 품고 있는 상황에 대해 좀 더 이야기해 보겠습니다. 과연 회사를 그만두는 것이 좋을까요, 아니면 참고 계속 다니는 것이 좋을까요?

우리는 이런 식의 질문이 나오면 '회사를 그만둘지 말지', '해외로 나갈지 말지', '학교에 다닐지 말지' 등 반드시 두 개의 선택지 중 하나를 골라야 하는 상황으로 해석하는 경향이 있습니다. 어느 하나를 고르지 않으면 아무것도 할

걱정에게 먹이를 주지 마라

수 없다고 생각하곤 하지요. 마치 얼마 없는 돈으로 먹고 싶은 메뉴를 고르는 것처럼 말입니다.

하지만 저는 어느 경영자로부터 다음과 같은 말을 들은 적 있습니다.

"회사가 잘 굴러가지 않을 때는 그에 대응하기 위해 한 가지 방침을 정하고 싶어지죠. '물러서지 말고 세게 나가자' 혹은 '조금은 타협적인 방식이 좋겠군' 같은 방식으로요. 그런 방침을 정하지 않으면 너무나도 불안하고, 우왕좌왕하다가 순식간에 망해버릴 것 같은 느낌도 듭니다.

그런데 제 경험에 비추어 보면, 무조건 한 가지 방침을 정한다고 해서 잘 풀리는 건 아닙니다. 스스로 납득할 수 없는 방침을 세워 봤자, 문제 해결에 방해만 될 뿐이죠. 그래서 저는 정 고민이 될 때면, 오히려 여러 가지 가능성을 열어둡니다. 그러다 상황에 맞게 방식을 달리하는 것이죠."

요컨대 우리는 절충안을 고를 수 있습니다. 커리어나 인생을 걸지 않고도 택할 수 있는 안전한 방법 말이죠. 마치 음식점에 여러 가지 메뉴를 함께 맛볼 수 있는 반반 메뉴가 있는 것처럼 말입니다. 그것도 충분히 가능한 선택입니다. 어느 한쪽을 선택할지 고민을 줄여주는 아주 좋은 선택이기도 하죠.

오히려, 고민하는 게 머리 아프다고 해서 성급하게 어느 한쪽을 선택하게 되면 역효과가 날 수도 있습니다. 이처럼 하나를 선택하지 못하는 것은 우유부단한 태도가 아닙니다. 오히려 한 가지를 선택하는 것보다 훨씬 더 복잡하고 어려운 일에 도전하는 일이라고도 볼 수 있습니다.


## 결정하지 말고 흐름에 맡겨라

물론 언제까지나 두 일 사이에서 줄타기만 하고 있을 수는 없습니다. 그렇다면 어느 타이밍에 선택을 내리는 것이 좋을까요.

물론, 자기 자신이 생각하기에 적당한 순간이 찾아왔다 싶을 때 결정을 내리는 것도 방법입니다. 하지만 저는 조금 특이한 방법을 알려드릴까 합니다. 바로 타인이 주는 힌트를 이용하는 것입니다. 그 이유를 다음 대화를 통해 설명해 보겠습니다.

걱정에게 먹이를 주지 마라

**친구** : "개인적으로 진행하는 프로젝트가 있는데, 요즘 회사 일이 점점 바빠지고 있어. 그래서 지금 다니는 회사를 그만둘까 하는데……, 언제 그만둬야 할지 고민이야."

**나** : "회사도 다니면서 그 일도 하려면 바쁘겠네. 시간적 여유는 있어?"

**친구** : "아직은 괜찮아. 조금은 여유가 있어."

**나** : "그럼 그 일이 정말 바빠져서 '더는 힘들겠다' 싶을 때 그만두면 되지 않아?"

**친구** : "아, 그러네! 굳이 지금 결정할 필요 없는데 무리해서 그만둘 필요는 없겠다."

이후 그 친구는 어떻게 되었을까요?

자신이 하고 싶은 일이 너무 바빠져서 퇴사를 결정하고 회사에 말했더니, 회사에서 '일주일에 3일만 나와도 좋다'는 파격적인 조건을 제시하여 계속 일하게 되었습니다. 급여도 시급으로 환산하면 전보다 더 올랐다고 합니다.

친구는 "주 3일이라도 회사에 다니니까 경제적으로도 안정되고 내가 하고 싶은 일에도 시간을 더 쓸 수 있어서 좋아. 지금이 이상적인 상태인 것 같아"라고 말했습니다.

이 친구의 경우처럼, 취미가 아닌 '일'이란 대부분 자신을 필요로 하는 '상대방의 요청'이 있어야 성립됩니다. 예를 들어, 글을 쓰고 싶은 사람이라면 자신의 글을 읽어줄 독자가 있어야 합니다. 누군가 당신의 글을 읽으려 하지 않는다면 작가라는 직업은 시작하기 어렵습니다.

그러니 혼자서 무리하게 '지금 그만둬야지'라는 결정을 내리지 말고, '상대방에게 요청이 올 만한 상황'이 언제인지 물어보는 것도 좋은 방법입니다. '글을 써 주세요'라는 요청이 많이 들어 와서 글 쓰는 일에 전념하지 않으면 안 되는 상황이 바로 당신이 결정을 내려야 할 타이밍입니다. 그렇게 접근하면 자연스럽게 자신이 하고 싶은 일을 그때그때 알맞게 옮겨 다닐 수 있게 됩니다.

현재 당신은 어떤가요? 당신이 하고 싶은 일에 대한 누군가의 요청이 들어와 있습니까? 혹시 요청도 없는데 '회사를 그만둬야지'라고 생각하고 있는 건 아닌지요?

　　　　　　　　　　　걱정에게 먹이를 주지 마라

# 5장

# 자괴감에게
# 먹이를 주지 마라

# 불완전하기에
# 사랑스러운 것이다

## 장점보다 단점이 더 커 보이는 이유

본격적인 이야기를 시작하기에 앞서, 잠깐 두 가지 질문을 하겠습니다. 자신의 장점이 무엇이라 생각하나요? 그리고, 자신의 단점이 무엇이라고 생각하나요?

사람들에게 이 두 가지 질문을 건네면 제법 재밌는 현상을 발견할 수 있습니다. 바로 자신의 단점을 묻는 질문에는 너 나 할 것 없이 아주 빠르게 대답하지만, 자신의 장점을 묻는 질문에는 오래 고민하는 사람이 비교적 많다는 것입니다.

그 이유는 우리가 평소 자신의 장점보다 단점에 집중하는 시간이 많기 때문입니다. 이처럼 사람에겐 부족한 부분에 집중하는 경향이 있습니다. 자기 자신뿐만 아니라 다른 사람을 볼 때도 마찬가지죠. 어째서인지 다른 사람의 부족하거나 못난 점에 눈길이 갔던 경험, 한 번쯤 다들 있지 않나요?

## 인간은 약간의 흠으로 완성된다

이렇듯 사람은 부족한 부분에 마음을 쏟는 경향이 있어서, 자연스레 자기가 가지지 못한 것이나 할 수 없는 일을 떠올리면서 두려워하거나 불안해하곤 합니다.

저 역시 마찬가지였습니다. 그런데 어느 날, 우연히 읽은 책에서 그런 불안감을 한순간에 날려버릴 이야기를 접하게 되었습니다. 그것은 바로 미국의 유명 저널리스트 빌 모이어스와 세계적인 신화학자 조지프 캠벨의 대화였습니다.

저는 이 글을 읽으면서 눈이 번쩍 뜨이는 듯한 느낌을 받았습니다. 생각해 보면 사람들이 '사랑스럽다'라고 느끼

"캠벨 씨, 당신은 '사람은 결점이 있기에 사랑스러워진다'라고 했는데, 언뜻 보면 잘 와닿지 않는군요."

"아이들은 툭하면 넘어지고, 작은 체구에 어울리지 않을 정도로 큰 머리를 달고 있죠. 하지만 그런 점이 오히려 아이들을 더욱 귀엽고 사랑스럽게 만듭니다. 이와 비슷하게, 강아지 중에도 이상한 생김새나 신체 비율을 가지고도 많은 사랑을 받는 견종이 있죠. 이들 모두 불완전하므로 귀여운 것입니다."

"즉 완벽한 인간은 사랑받기 어렵다는 말인가요?"

"그렇습니다, 모이어스 씨. 그런 존재는 인간답지 않을 테니까요. 인간의 배꼽처럼 불완전한 약간의 흠, 바로 그것이 인간성입니다. 그게 인간을 초자연적 존재도, 불로불사의 존재도 아닌 '인간다운' 존재로 만들죠. 우리는 바로 그런 점을 사랑하게 되는 것입니다."

–조지프 캠벨·빌 모이어스, 《신화의 힘》

는 대상은 분명 불완전한 존재인 경우가 많습니다.

구체적인 예로 전 세계에서 사랑을 받은 만화 〈톰과 제리〉를 떠올려 봅시다. 이야기의 주인공인 고양이 '톰'과 생쥐 '제리'는 결코 완벽한 캐릭터가 아닙니다. 시종일관 넘어지고, 부딪히고, 깔리고, 망가지는 그들의 모습은 완벽하기는커녕 아주 우스꽝스럽죠. 서로 골탕 먹이기 위해 깜찍한 계략을 세우기도 하지만, 그런 계획이 뜻대로 잘 풀리는 경우는 아주 드뭅니다. 도리어 제 꾀에 제가 넘어가 낭패를 당하고 도망 다니는 경우가 많죠. 하지만 이토록 부족하고 불완전한 모습이야말로, 이들이 오랜 시간 널리 사랑받아 온 이유라고 할 수 있습니다.

좀 더 일상적인 예를 들어 볼까요. 예전에 제가 다니던 회사에는 아주 유능하고 명석한 상사가 있었습니다. 맡은 일마다 탁월한 성과를 거두고, 다른 사람의 실수까지도 너끈히 해결해 주는 모습에 저와 제 동료들 모두 그분을 존경해 마지않았지만, 어쩐지 쉽게 말을 붙일 수는 없었습니다. 조금 불편했달까요.

그러던 어느 날, 그 상사와 함께 식사를 한 적이 있었습니다. 변변한 대화 없이 어색하게 밥을 먹던 도중, 저는 발견하고야 말았습니다. 닭튀김을 집어 먹는 그분의 젓가락질이 정말 이상하다는 사실을요. 마치 젓가락질을 배운 지 얼마 안 된 어린아이의 손길 같았습니다. 털이 부숭부숭 자라 있었다는 것만 빼면 말입니다. 그 모습을 보자 다른 세상에 사는 사람처럼 완벽하게만 보였던 상사가 달리 보였습니다. '아, 이 사람도 나랑 똑같은 인간이구나'라는 생

걱정에게 먹이를 주지 마라

각이 들었던 것이죠. 그 후로 저는 그 상사에게 조금 더 친근하게 말을 걸 수 있었고, 회사에 다니는 동안 좋은 관계를 유지할 수 있었습니다.

여러분에게도 이런 경험이 한 번쯤은 있지 않나요? 이처럼 부족함이 꼭 비웃음거리나 흉이 되는 것만은 아닙니다. 오히려 인간미 넘치는 매력 포인트가 될 수도 있죠. 마치 입술 사이로 살짝 드러나는 덧니가 미소를 더욱 귀엽게 만들어 주듯 말입니다. 그러니 자신의 결함에 너무 신경을 쓰지 않길 바랍니다. 다른 사람들은 그 결함 때문에 당신을 더욱 사랑스럽게 느낄지도 모르니까요.

## 완벽한 사람은 오히려 매력이 없다

'살을 빼면 인기가 많아질지도 몰라.'

'성격이 밝아지면 친구가 많아질지도 몰라.'

'일을 잘하면 모두가 좋아해 줄지도 몰라.'

사랑받는 걸 싫어하는 사람은 없습니다. "난 사람들이랑 부대끼는 게 싫어"라고 말하는 사람들도, 잘 들여다보면 자신과 잘 맞고 친밀한 사람들에게는 관심과 사랑을 받고 싶어 하죠.

그래서 사람들은 더 많은 능력이나 자랑거리를 가지길 원합니다. 그로 인해 다른 사람들에게 더 많이 사랑받을 수 있을 거라고 생각하니까요.

하지만 신화학자 조지프 캠벨은 이런 생각이 잘못되었다고 말합니다. 그는 오히려 "사람은 '할 수 있는 것', '가지고 있는 것' 때문에 사랑받는 것이 아니라, 오히려 '못 하는 것', '가지지 못한 것' 때문에 사랑받는다"라고 말하죠.

생각해 보세요. 만약 미키 마우스가 비율 좋은 9등신 몸매에 날렵한 콧날, 잘 빠진 근육질 몸매를 가지고 있었다면 지금처럼 디즈니랜드의 마스코트가 될 수 있었을까요? 똑똑하고 논리정연한 톰과 제리는 또 어떻고요.

완벽한 존재는 존경받습니다. 하지만 불완전한 존재는 사랑받습니다. 우리는 자신이 가지지 못한 것을 갈구하면서도, 정작 우리 자신처럼 부족한 존재를 사랑하게 됩니다. 두 마음 모두 자연스럽습니다. 그러니 어느 한쪽만을 바라보며 자신을 채찍질하지 말길 바랍니다.

걱정에게 먹이를 주지 마라

# 즐겁게
# 부지런해지는 노하우

**갈등이 일어날 상황 자체를 피하라**

분명 주중에는 '주말이 되면 이것도 하고, 저것도 해야지'라고 생각했으면서도, 정작 주말이 되면 아무것도 하지 못하고 빈둥거리다 하루가 끝나버린 적, 다들 있으시죠. 특히 직장 생활을 시작한 지 얼마 되지 않은 젊은이들이 이런 고민을 하는 경우가 많습니다.

저도 한때 이런 게으름이 참 고민이었습니다. 그러던 어느 날, 스포츠 중계를 보다가 갑자기 게으름을 물리칠 좋은 아이디어가 떠올랐습니다.

야구나 축구 같은 스포츠 경기를 보고 있으면 간혹 해설자가 이렇게 말하곤 합니다. "방금 플레이로 경기의 흐름이 완전히 바뀌었습니다!" 실제로 어떤 선수가 멋진 플레이를 선보이고 나면, 큰 점수 차가 벌어져 기진맥진한 채 끌려가기만 하던 선수들의 눈빛에 생기가 돌아오는 모습을 볼 수 있습니다. 반대로 이기고 있던 선수들의 얼굴에선 여유로움이 사라지고, 대신 초조함과 긴장감이 감돌기 시작하죠.

제가 떠올린 아이디어도 이와 비슷합니다. 하루 종일 부지런하게 지내는 대신, 그날의 흐름을 뒤바꿀 터닝 포인트에 집중하는 것입니다. 스포츠 경기의 흐름이 한순간에 뒤바뀌듯, 빈둥거리다 흘러갈 하루를 충실한 하루로 만드는 터닝 포인트도 한순간이면 충분합니다.

제가 휴일을 보내는 방법을 예로 들어 설명해 보겠습니다. 출근을 하지 않는 날이면 저는 아침잠을 충분히 즐기고 10시~11시 정도에 느지막이 일어납니다. 일어나면 출출하죠. 그러면 점심을 먹습니다. 간단히 배를 채우고 나면 소파에 거의 눕듯이 앉아 텔레비전을 보거나 스마트폰을

걱정에게 먹이를 주지 마라

합니다. 그러다 보면 배도 부르고, 햇볕은 따사롭고, 소파는 푹신하니, 자연스레 잠이 옵니다. 그렇게 스르르 낮잠에 빠집니다. 그러다 잠에서 깨면 어느새 3시~4시쯤 됩니다. 뭔가 시작하기엔 늦은 시간 같고, 그렇다고 이대로 아무것도 하지 않기엔 너무 이른 시간 같습니다. 밥을 먹고 곧장 잤기 때문에 속도 더부룩하고 기분도 좋지 않죠. 그렇게 텔레비전 채널을 돌리며 머뭇거리고 있다 보면 눈 깜짝할 새에 저녁 시간이 됩니다. 식사를 하고 나면 해가 뉘엿뉘엿 넘어가기 시작합니다. 뭐라도 해야 할 것 같은 압박감에 책을 펼쳐 보지만, 밥을 먹고 읽는 책은 어찌 그리 졸린지요. 꾸벅꾸벅 졸음과 싸우며 한 페이지를 몇 번씩 읽게 됩니다. 그러다 정신을 차리면, 세상에. 어느덧 자야 할 시간입니다. 지금 자지 않으면 내일 지각할지도 모릅니다. 결국, 제 휴일은 그렇게 끝이 납니다. 어때요, 게으르기 짝이 없죠? 하지만 여러분의 휴일도 이와 비슷할지 모릅니다.

이런 게으름의 흐름을 뒤바꾸기 위해선 어떻게 해야 할까요? 위의 글을 다시 잘 읽어 보면, 하루의 일과가 망가지기 시작하는 지점이 점심 식사 이후임을 알 수 있습니다.

밥을 먹은 뒤 낮잠에 빠지는 순간이죠. 낮잠을 자지 않는다면 하루를 충실하게 보낼 수 있을 것입니다.

하지만 '점심을 먹고 낮잠을 자지 않겠다!'라는 목표를 세우는 것은 그다지 좋은 방법이 아닙니다. 텔레비전 광고나 유튜브에서 흔히 보듯 '절대 ~하지 마세요!'라고 하면 오히려 그것을 더 의식하게 됩니다. 낮잠을 자지 않겠다는 목표가 오히려 낮잠을 더 의식하게 만드는 것이죠. 역효과입니다.

이런 상황에서 가장 좋은 대처 방법은 '낮잠을 자고 싶다'와 '낮잠을 자면 안 된다'라는 **갈등이 일어날 상황 자체를 피하는 것**입니다. 그래서 저는 점심 전에 외출하기를 택했습니다. 집에서 점심을 먹게 되면, 숟가락을 내려놓자마자 낮잠과의 전쟁이 시작되기 때문입니다.

이를 위해 거창한 목표를 세울 필요도 없었습니다. 갈등이 일어날 상황을 피하는 것만으로도 충분하니까요. 그래서 저는 그저 점심 전에 집 밖에 나가는 것에만 집중했습니다. 설마 집 밖에서 낮잠을 자진 않겠죠. 현관문을 닫는 순간이 제 터닝 포인트였습니다. 일단 현관을 나서니 카페

걱정에게 먹이를 주지 마라

에 가고 싶어졌고, 카페에서 커피를 마시고 있자니 빵이 먹고 싶어졌습니다. 그렇게 빵집에 들렀고, 근처에 서점이 있어 구경하다가 책을 한 권 샀습니다. 집에 와서는 빵을 먹으며 책을 읽었죠. 그러다 보니 자연스럽게 그날 하루를 충실하게 보낼 수 있었습니다. 이후로도 저는 휴일을 알차게 보내고 싶을 때면 이렇게 생각합니다.

'점심 전까지 집을 나서기만 하면 된다. 그다음은 어떻게든 될 거야.'

요점은 갈등이 일어날 상황을 만들지 않는 것입니다. 이건 마치 곰 출몰 구역에 들어가지 않는 것과 마찬가지입니다. 곰과 싸워 이길 수 있는 인간은 없습니다. 하지만 곰이 나타날 만한 장소에 들어가지 않는 것 정도는 누구나 할 수 있습니다. 마음속의 갈등도 똑같습니다. 갈등을 이겨낼 수 있을 만큼 심지가 굳센 사람은 많지 않습니다. 하지만 갈등이 생길 상황을 피하는 것쯤은 누구나 할 수 있습니다. 그러니 여러분도 '갈등 출몰 주의!'라는 표지판을 세워 보길 바랍니다. 그게 여러분의 터닝 포인트가 되어 줄 테니까요.

# 영리하게
# 노력하는 방법

### 노력할 대상을 선택하는 법

저는 지금까지 '뭐든지 잘하려고 무리하게 노력하지 마라'라는 말을 많이 했습니다. 이는 다시 말해 '노력을 집중할 대상을 적절히 선택하라'라는 뜻입니다. 하여 이번에는 노력할 대상을 고르는 방법에 관해 이야기해 보려 합니다.

그런데 막상 노력할 대상을 골라보려 하면, 한 가지 곤란한 문제에 맞닥뜨리게 됩니다. 바로 그 일이 나한테 잘 맞는지 아닌지는 해보기 전까지 알 수 없다는 것입니다. 무작정 노력하기 전에 내게 잘 맞는 일을 찾아야 하는데, 내게 잘 맞는 일을 찾으려면 일단 열심히 해봐야 한다는 것이죠.

이런 상황에서, 저는 내담자들에게 노력의 유형을 나눠보라고 얘기합니다. 바로 '시도하는 노력'과 '지속하는 노력'으로 말입니다.

## 새로운 일을 시작할 때, 시도하는 노력

새로운 일을 시작하는 건 사실 귀찮습니다. 지금까지 해 왔던 방식과는 다른 방식의 일이기 때문입니다. 이는 다시 말해 새로운 일을 시작하기 위해선 관성적으로 굳어졌던 행동 방식을 바꾸어야 한다는 뜻입니다. 귀찮을 수밖에 없죠. 마치 한동안 누워 있다가 일어나는 것처럼 말입니다. 이럴 때 필요한 것이 '시도하는 노력'입니다.

시도하는 노력의 핵심은 최소한의 변화에 집중하는 것입니다. 바뀌는 게 적으면 귀찮음도 그만큼 줄일 수 있을 테니까요. 누워 있다가 갑자기 일어나는 것보단 상반신을 일으켜 앉는 게 훨씬 쉬운 것처럼요.

조깅을 예로 들자면, 처음엔 '동네 한 바퀴만 돌자'라거나 '오늘 하루만 뛰어 보자'라고 생각하는 편이 심리적 저항을 줄일 수 있습니다. 첫날부터 '무조건 4km를 달린다'라거나 '오늘부터 3개월간은 매일 뛴다'라고 생각했다간 오히려 얼마 못 가 포기하게 될 가능성이 높습니다.

겨우 동네 한 바퀴, 겨우 하루 가지고도 노력이라고 할 수 있냐고요? 물론입니다! 이 단계에서의 목표는 '달성'이 아니라 '시작'이기 때문입니다. 당장 숨이 턱 끝까지 차오를 정도로 몸을 혹사해야만 노력이라 부를 수 있는 건 아닙니다.

**시도하는 노력의 미학은 '이게 맞는 건가?'라는 알쏭달쏭한 순간을 충분히 경험해 보는 것입니다.** 이 알쏭달쏭한 순간 속에서 즐거움의 실마리를 조금이나마 발견했다면, 그다음 단계로 나아가면 됩니다. 만약 별로 즐겁지 않다면 어떻게 하냐고요? 그럼 그만두면 됩니다. 이 일이 내게 잘 맞지 않는다는 사실을 아는 것만으로도 큰 수확입니다. 이 일이 내게 잘 맞는지 아닌지 한번 맛만 보는 것, 이것이 바로 시도하는 노력의 성과입니다.

## 이 일을 계속하고 싶을 때, 지속하는 노력

시도하는 노력을 통해 즐거움을 깨달았다면, 이제 그다음 단계인 '지속하는 노력'으로 넘어가 봅시다.

지속하는 노력의 핵심도 이전 단계와 크게 다르지 않습니다. 변화하는 정도와 양을 내가 감당할 수 있을 만큼 조금씩 조금씩 늘려가는 것이죠.

여기서도 조금씩 바꿔나가는 것이 중요합니다. 1km를 겨우 달릴 수 있게 된 사람이 갑자기 마라톤 대회에 출전할 수는 없는 노릇이니까요. 1km에서 1.5km로, 또 2km로, 2.5km로…. 천천히 늘려나가면 됩니다. 뛰는 횟수도 마찬가지입니다. 매일 뛰는 게 힘들다면 사흘에 한 번, 이틀에 한 번…. 그 정도면 충분합니다.

이 단계에서는 **자기 자신에 대한 통제감을 느끼는 것이 중요**합니다. 마치 내가 나의 코치가 된 것처럼 '이 정도는 할 수 있지?'라면서 목표치를 설정하고, 그 목표치를 달성함으로써 스스로 뿌듯함과 효능감을 느끼는 겁니다. 이는 다시 말해 조그마한 중간 목표를 많이 세워두자는 이야기입니다. 마치 에베레스트산 정상에 도달하기 전까지 수많은 베이스캠프가 있는 것처럼 말입니다.

이 단계에서는 본격적인 도전 의식을 불태워보는 것도 큰 도움이 됩니다. 컨디션이 좋다면 원래 목표한 거리보다 더 달려 보고, 어제 이미 달렸다 하더라도 오늘 또 달려 보면서 달성할 수 있는 목표의 크기를 조금씩 키워나가 봅시다. 요점은 커다란 목표를 위해 커다란 노력을 하는 것이 아니라, **목표를 점점 키워나가며 그에 알맞게 노력의 양과 질을 역시 조금씩 키워나가는 것**입니다.


물론 위와 같은 방법을 활용한다고 해도 여러분에게 잘 맞는 노력의 대상을 찾는 데에는 꽤 시간이 걸릴 겁니다. 사람마다 흥미와 적성이 다르니까요. 다른 사람에게 잘 맞는 일이 꼭 나에게 잘 맞으리라는 법은 없으며, 그 반대도 마찬가지입니다. 자신에게 잘 맞는 노력의 대상을 찾기까지, 여러분은 아마 여러 번 좌충우돌을 겪게 될지도 모릅니다. 하지만 여러분이 그 좌충우돌을 즐겼으면 좋겠습니다. 그 모든 과정이, 하나하나 뜻깊은 노력의 순간이니까요.

걱정에게 먹이를 주지 마라

# 자신감의 근거는
# 내가 만드는 것이다

## 근거 없는 자신감은 없다

노래나 영화, 책을 보다 보면 '자신을 믿어라!'라는 메시지를 던지는 모습을 흔히 볼 수 있습니다. 이런 메시지가 세상에 넘쳐나는 이유는 그만큼 많은 사람이 스스로에게 자신이 없기 때문일 겁니다.

물론 자신감은 중요합니다. 같은 일을 해도 자신감이 있는 사람과 없는 사람 사이에는 큰 차이가 있습니다. 자신감이 있는 사람이 더 순조롭게, 더 좋은 성과를 거두죠. 만약 두 학생이 똑같은 자료를 가지고 발표한다면 자신감 있는 학생이 더 믿음직하게 보이지 않겠습니까?

그러나 아무런 대책도 없이 '자신을 믿어라!'라고만 말하는 건 무책임합니다. 신앙의 영역이 아니고서야, 누군가를 믿기 위해서는 근거가 필요합니다. 아무런 근거도 없이 처음 보는 사람을 다짜고짜 믿을 수 없는 것처럼, 자기 자신을 믿는 데에도 어느 정도의 근거는 필요합니다.

이러한 사실은 텔레비전에 나오는 장인들을 보면 잘 알수 있습니다. 텔레비전을 보면 한평생 한 가지 일에만 매진한 장인들이 종종 등장합니다. 제작진은 이들에게 정말 말도 안 되는 미션을 주곤 합니다. 저건 아무도 성공하지 못하겠는데, 싶은 미션들이죠. 그럴 때 장인들은 으레 이렇게 대답합니다.

"글쎄, 해 본 적은 없지만 될 것 같은데요."

이들이 보이는 강한 자신감에는 별다른 근거가 없어 보이지만, 사실 그간 자신이 갈고닦아 온 감각이라는 근거가 있습니다. 이론이 아니라 감각이기 때문에, 논리적으로 정확하게 설명할 수가 없어서 '그냥 될 것 같다'라고 말하는 것뿐입니다. 요컨대 이들의 자신감에는 근거가 없는 게 아

걱정에게 먹이를 주지 마라

닙니다. 단지 근거가 막연할 뿐입니다. 이 둘을 착각하면 낭패를 보기 십상입니다.

이처럼 자신감에는 걸맞은 근거가 필요합니다. 즉 자신감을 키우기 위해서는 우선 자신감의 근거를 키워야 합니다. 근거 없는 자신감으로 모든 일을 밀어붙여 봤자 결국 벽에 부딪혀 더 큰 좌절에 휩싸일 뿐입니다. 그렇다면 자신감의 근거를 키우기 위해선 어떻게 해야 할까요? 이를 위해 아주 좋은 방법을 추천하고자 합니다. 바로 '웃음 노트'입니다.

## 자신감을 키워줄 웃음 노트 만들기 & 사용법

웃음 노트를 만드는 법은 간단합니다. 글씨를 써넣을 수 있는 공책이나 수첩만 있으면 됩니다. 스마트폰의 메모 앱을 사용해도 괜찮겠군요. 거기다 칭찬이나 감탄 등 주변 사람에게 들은 좋은 말을 옮겨 적기만 하면 됩니다. 날짜나 간단한 상황을 함께 써넣으면 더욱 좋습니다. 예를 들면 이런 식으로 말입니다.

이게 전부입니다. 이런 내용을 한 장 한 장 써나가기만 하면 됩니다. 어때요. 정말 간단하지 않나요?

웃음 노트를 활용하는 법도 간단하기 그지없습니다. 매일 저녁 웃음 노트를 읽으며 웃으면 됩니다. 이때 중요한 것은 기쁜 감정을 애써 억누르지 않는 것입니다. 억지로 깔깔대며 웃지 않더라도, 노트에 적힌 내용을 읽다 보면 배시시 웃음이 올라올 겁니다. 그 감정을 충분히 즐기기만 하면 됩니다. 물론 큰 소리로 웃으면 더없이 좋죠. 환호성을 지르거나 춤을 춰도 좋습니다. 남들한테 들키지만 않는다면요.

제가 웃음 노트를 만들게 된 계기는 간단합니다. 스스로 자신감의 근거를 찾아낼 수 없다면 다른 사람의 눈을 통해 찾으면 된다고 생각했기 때문입니다. 즉, 저에 대한 **다른 사**

걱정에게 먹이를 주지 마라

**람들의 좋은 평가를 근거로 자신감을 키우는 것**입니다.

웃음 노트에는 또 다른 효과가 있습니다. 바로 인간관계가 좋아진다는 것입니다. 웃음 노트를 사용하다 보면 사소해 보이는 칭찬이 듣는 사람에겐 얼마나 기분 좋게 다가오는지를 알게 되고, 그러다 보면 자연스럽게 대화 중 상대방의 좋은 점을 칭찬하게 됩니다. 이런 식으로 오고 가는 칭찬 중에 좋은 관계가 싹틉니다. 칭찬은 고래도 춤추게 한다고 하죠. 정말로 고래까지 춤추게 할 수 있을지는 모르겠지만, 웃음 노트를 만든 후 친구가 더 많아진 것만은 확실합니다.


## 칭찬을 받아들이는 것도 능력이다

사실 웃음 노트를 만드는 데에는 자신감 상승 말고도 또 하나의 목적이 있습니다. 그것은 바로 **'칭찬을 받아들이는 연습'**입니다.

자신감이 부족한 사람은 다른 사람에게 칭찬받더라도 "아뇨, 아닙니다"라고 손사래를 치며 받아들이려 하지 않습니다. 물론 겸손한 것은 좋지만, 이는 결국 자신을 부정하는 셈이 되어 오히려 자신감을 깎아 먹습니다.

겸손과 자기 비하는 다릅니다. 분명히 말하건대 **칭찬을 수용하는 것도 능력입니다.** 칭찬은 야구공과 비슷합니다. 받지 않으면 경기가 진행되지 않고, 받으려면 연습이 필요합니다. 공이 날아올 때 제대로 글러브를 끼고 있지 않으면 잡을 수 없듯, 칭찬도 잘 받기 위해서는 준비와 연습이 필요합니다. 스스로 '나는 칭찬을 받을 만한 사람'이라는 사실을 납득하는 연습 말입니다.

그러니 당장 오늘부터 웃음 노트를 만들어 활용해 보세요. 처음엔 좀 낯간지럽겠지만, 웃음 노트는 분명 여러분의 좋은 연습 상대가 되어 줄 것입니다.

걱정에게 먹이를 주지 마라

# 6장

# 편견에게
# 먹이를 주지 마라

# 우리는 늘
보고 싶은 대로 본다

## 사고를 프레임에 가두지 말 것

어느 날, 카페에 있던 저는 한 무리의 손님들이 큰 소리로 나누는 대화를 듣게 되었습니다.

"그이가 요즘 통 무신경해…."

"전에는 된다고 했으면서."

"그렇게 말하다니 기가 막혀!"

그들의 대화는 대부분 불평불만과 푸념이었습니다. 자신이 처한 상황에 대한 한탄, 연애 상대가 보여준 행동에 관한 불만, 직장에서 받은 스트레스와 운조차 따라주지 않는 인생에 대한 불평 같은 것들 말입니다.

그렇게 한참 푸념을 늘어놓고 나면 속이 후련해지죠. 저도 익히 알고 있습니다. 하지만, 계속 투덜거리다 보면 우리의 의식은 부정적인 방향에 신경을 기울이게 됩니다. 그러면 평소에도 불평할 거리들만 눈에 들어오게 됩니다.

예컨대, 연인이 약속 시간에 늦어 불만이라는 이야기를 했다고 합시다. 그런 이야기를 입에 담고 나면, 다음에 연인을 만날 때도 '과연 이 사람이 오늘도 늦을 것인가'라는 생각에만 정신이 팔리게 됩니다. 그러다 정말로 상대가 지각을 하면 자연스레 '역시, 오늘도 늦는구나!'라는 생각을 하게 되고, 늦지 않는다 해도 '용케도 오늘은 늦지 않았군'이라고 생각하게 됩니다. 상대를 만나서 얼마나 기쁜지, 무엇을 하며 시간을 보낼지 같은 연애의 진정한 기쁨에는 생각이 미치지 못하죠. 사고능력이 '지각하느냐, 지각하지 않느냐'라는 프레임에 완전히 갇혀 버리는 것입니다.

제가 이런 사실을 깨닫게 된 것은 다른 곳도 아닌 꿈과 환상의 나라, 디즈니랜드에서였습니다.

걱정에게 먹이를 주지 마라

## 디즈니랜드에서 발견한 비밀

어릴 때 이후 10년 만에 디즈니랜드에 갔을 때의 일입니다. 제 기억 속의 디즈니랜드는 알록달록한 장식으로 가득하고 신나는 음악이 흐르며, 모든 사람이 밝게 웃고 있는 환상의 나라였습니다. 그런데 어른이 되어 냉정한 눈으로 바라본 디즈니랜드는 10년 전의 기억과 많이 다르더군요.

놀이기구를 타고 내려오는 길에, 저는 문득 대기줄에서 차례를 기다리는 사람들의 얼굴을 바라보았습니다. 궂은 날씨에 힘들게 놀이 기구 순서를 기다리던 사람, 이미 지친 듯 바닥에 주저앉아 버린 가족…. 줄을 서 있던 사람 중 적어도 3분의 1은 피곤함에 찌들어 있는 모습이었습니다.

그런 모습이 눈에 띄자, 저는 호기심이 발동해 이 놀이공원에 피곤해하거나 짜증을 내는 사람이 얼마나 많은지 일부러 찾아보기 시작했습니다. 그러자 놀랍게도 정말 많은 사람들이 짜증을 내고 있다는 사실을 눈치챌 수 있었습니다. 놀이기구에 정신이 팔려 보지 못했던 것들이 갑자기 보이기 시작했죠. 말다툼을 하고 있는 커플도 있었고, 아이들까지 데려왔으면서 빨리 집에 돌아가자고 옥신각신하는 부부도 있었습니다. 찾으면 찾을수록 여기저기서 짜증 난 얼굴의 사람들이 눈에 띄었습니다.

조금 전까지만 해도 저는 디즈니랜드가 이렇게나 부정적인 감정으로 가득찬 곳인지 몰랐습니다. 제가 보고 있던 모습은 오히려 그 반대였죠. 분명 이곳은 미키 마우스를 보며 기뻐하는 어린이들, 신데렐라 성을 보며 감탄하는 사람들로 가득했는데 말입니다. 도대체 그들은 어디로 가버린 걸까요? 과연 디즈니랜드는 꿈과 환상의 나라일까요, 아니면 피로와 짜증의 나라일까요?

정답은 '둘 다'입니다. 세상일은 100% 좋지만도 않고, 100% 나쁘지만도 않다고들 하죠. 모든 일은 좋은 면과 나쁜 면이라는 양면을 가지고 우리에게 다가옵니다. 현실이란 바로 그런 것입니다. 디즈니랜드도 그렇습니다. 디즈니랜드는 즐거워하는 사람들로 가득한 꿈과 환상의 나라이기도 하고, 심통난 사람들로 가득한 피로와 짜증의 나라이기도 합니다.

이때, 그런 양면적인 현실의 어떤 면을 바라볼지 결정했던 건 바로 저의 마음가짐이었습니다. 제가 놀이기구를 타

　·　걱정에게 먹이를 주지 마라

며 즐거워했을 때는 짜증 난 사람들이 보이지 않았고, 일부러 짜증 난 사람들을 찾아보았을 땐 즐거운 사람들이 보이지 않았죠. 제 신경이 다른 쪽에 쏠려 있었으니까요.

요컨대 우리는 자신이 처한 현실의 부정적인 측면을 없애버리지는 못합니다. 그건 우리가 통제할 수 없는 일이죠. 하지만 현실의 긍정적인 측면과 부정적인 측면 중 어느 쪽을 바라볼 것인지는 우리가 선택할 수 있습니다.

부정적인 생각 자체가 나쁘다는 것은 아닙니다. 때에 따라 부정적인 생각이 유용할 때도 있죠. 하지만 부정적인 생각이 우리의 고민을 증폭시킨다는 것만은 확실합니다. 그러니 만약 고민 때문에 마음이 흔들리고 불안하다면, 잠시 현실의 긍정적인 면을 향해 눈을 돌려보는 건 어떨까요? 푸념만 늘어놓게 되는 당신의 인생도, 어쩌면 꿈과 환상으로 가득한 디즈니랜드로 바뀔지도 모릅니다.

# 나쁜 버릇도
# 장점이 될 수 있다

### 어린 시절의 경험이 흉터처럼 남았을 때

최근 '멘탈', 즉 정신 건강에 대한 사회적인 관심이 높아지고 있습니다. 그래서인지 텔레비전에서도 정신 건강에 관한 프로그램을 자주 볼 수 있습니다. 마침 저는 얼마 전 어느 방송 프로그램에서 우울증 때문에 1년 이상 휴직한 아버지와 그 가족의 이야기를 본 적 있습니다. 그중 이들 가족이 다같이 식탁에 모여 식사하는 장면이 나왔는데, 그 분위기가 매우 무거웠습니다. 그때 이런 내레이션이 흘러나왔습니다.

걱정에게 먹이를 주지 마라

"아버지가 우울증에 걸린 뒤, 딸은 더 수다스러워지고 애교가 많아졌습니다."

방송을 보며 저는 왠지 마음이 짠해졌습니다. 그 아이는 무의식적으로 가족들 사이에서 균형을 잡고 있었습니다. 아직 어린 나이인데도, 가족들의 기분을 밝게 만들기 위해 애쓰고 있었던 것입니다.

저는 그 모습을 보며 제 어린 시절을 떠올렸습니다. 저도 어릴 적, 가족 중에 우울증에 걸린 사람이 있어 가족들의 기분을 밝게 해주고자 일부러 활달하게 행동하곤 했습니다. 그래서 방송에 나온 아이의 애달픈 마음을 충분히 이해할 수 있었습니다.

그와 동시에 한편으로는 그 아이가 조금 걱정되기도 했습니다. 제 경우에는 이런 습관이 나중에 마음의 큰 짐이 되었기 때문입니다. 가족 모두가 힘들고 우울한 상황에서 내 마음보다 다른 사람의 마음을 먼저 살피던 경험이, 주위 사람들의 기분에 눈치를 살피면서 어색함과 불편함을 견디지 못하는 성격으로 굳어진 것입니다.

이런 성격 때문에 저는 마음고생을 심하게 했을 뿐만 아니라, 주변 사람들을 다소 불편하게 만들기도 했습니다. 가족들은 이런 저의 성격을 따뜻하게 받아주고 이해해 주었지만, 가정 바깥의 친구와 동료 중에는 이런 저를 이해하지 못하는 사람들도 많았기 때문입니다.

특히 회사에서 이런 일이 잦았는데, 딱딱하고 긴장된 분위기를 견디지 못해 상황에 맞지 않는 농담을 던지다가 '진지하지 못하다'라든가 '분위기를 파악해라' 같은 핀잔을 듣기도 했습니다. 그렇지 않아도 딱딱한 분위기에 위축되어 있었는데, 분위기를 살리려다 오히려 분위기를 망치고 말았다는 생각에 마음고생이 더욱 심해지는 악순환이었죠. 이맘때 저는 까불거리는 성격을 고치려고도 했지만, 좀처럼 잘되지 않아 많이 힘들어했습니다.


## 단점이 활약할 수 있는 자리를 마련하라

하지만 이런 성격도 적절하게 활용하기만 하면 큰 장점이 될 수 있습니다. 여러 사람이 모여 즐겁게 노는 자리에서는 분위기를 띄우려는 제 버릇도 큰 도움이 됩니다. 특히

사원들이 다 같이 모여 웃고 떠드는 회식 자리 같은 곳에서는 저 같은 사람이 꼭 필요하죠. 마침 예전에 다니던 회사의 회식 자리에서 들었던 이야기가 생각나는군요.

"그래, 지금은 맘껏 웃겨도 돼!"

제게 그 말을 했던 사람은 바로 분위기 파악을 하라며 저에게 따끔히 혼을 내던 상사였습니다. 그 말을 듣자 풀리지 않던 퍼즐의 마지막 조각이 맞춰지는 듯한 느낌이 들었습니다.

'그래. 까불거리는 걸 참으려고만 할 게 아니라, 상황에 따라 모드를 전환하면 되는 거야.'

그렇게 생각하자 제 사회생활은 조금 더 원만해졌습니다. 업무 중에는 '지금은 진지 모드'라고 생각하고, 사석에서는 '지금은 까불 모드'라고 생각하며 상황에 따라 게임 캐릭터를 바꾸듯 행동을 전환한 것입니다. 단순히 참으려고만 할 때보다 훨씬 쉬웠고, 나중에는 오히려 그런 모드 전환이 재밌게 느껴지기도 했습니다.

이 방법이 자기 자신을 바꾸는 것이라면, 한편으로는 자신을 둘러싼 상황을 바꾸는 방법도 있습니다. 성격대로 행동해도 문제가 되지 않을 상황을 찾아가는 것이죠. 저 같은 경우엔 심리상담가로 전직한 경험이 이에 해당할 것입니다. 제가 전직을 결심한 것은 친구의 조언 덕분이었습니다.

"너는 다른 사람의 마음을 잘 들여다보니까, 그런 성격을 살릴 수 있는 일을 해보는 게 어때?"

친구는 별 생각 없이 한 말일 수도 있겠지만, 제게는 그 말이 신선한 충격으로 다가왔습니다. 저는 항상 '다른 사람의 눈치를 살피느라 피곤하다'라고 생각하고 있었는데, 친구는 그것을 '다른 사람의 마음을 잘 들여다본다'라고 말해준 것입니다.

저는 그 순간 장점과 단점이 결국 동전의 양면이라는 것을 깨달았습니다. 달리 말하면 장점과 단점은 하나의 동일한 능력입니다. 단지 그것이 어떤 상황과 맥락에서 드러나느냐에 따라 좋게 여겨지기도 하고, 나쁘게 여겨지기도 하는 것입니다. 그 후로 저는 자신의 단점을 장점으로 활용할 수 있는 직업을 찾기 시작했고, 이렇게 심리상담가가 되었습니다.

이 이야기의 요점은 **단점을 억누르거나 없애려고만 하지**

**말고 적절한 상황에 풀어놓으라는 것**입니다. 어떤 성격이 문제가 된다면, 그것은 대부분 성격 그 자체의 문제라기보단 성격과 상황이 맞지 않아서 생기는 문제인 경우가 많습니다. 즉 '그러면 안 되는 상황'에서 그러니까 문제인 것입니다. 그렇다면 '그래도 되는 상황'을 찾아가면 됩니다.

이렇게 성격을 드러내도 좋은 상황과 자제해야 하는 상황을 구별할 수만 있다면, 거슬리는 단점이라고만 생각했던 성격도 매력적인 장점이 됩니다. 마치 매운맛이나 쓴맛을 내는 재료가 느끼한 요리에 들어가면 입안을 정리해 주는 깔끔한 포인트가 되는 것처럼 말입니다.


## 단점의 전문가가 되어라

이렇게 자신의 성격을 잘 파악하고, 상황을 적절히 선택하기만 한다면 단점이라고 생각했던 성격이나 버릇도 출중한 능력이 될 수 있습니다.

어찌 보면 성격이나 버릇은 일종의 숙달된 능력이라고도 할 수 있습니다. 마치 어려서부터 바이올린을 배운 사람은 성인이 되어 바이올린을 배우기 시작한 사람보다 훨씬 능숙한 연주 실력을 갖출 수 있듯, 어려서부터 몸에 밴 성격과 버릇 역시 아주 자연스러운 능력이 될 수 있죠. 그것을 인지하고 활용하는 방법만 익힌다면 말입니다.

예를 들어, 저처럼 다른 사람의 눈치를 살피는 버릇이 있는 사람은 상대방의 동요나 변화를 눈치채기 쉽습니다. 평범한 사람이라면 아무도 신경 쓰지 않을 만큼 미세한 변화라고 해도요. 이런 능력은 저 같은 심리상담가에게 큰 도움이 됩니다. 제가 건넨 말에 상대방이 어떻게 반응하느냐에 따라 상담에 필요한 여러 가지 기술을 어떻게 적용할지 결정할 수 있기 때문입니다. 꼭 심리상담가가 아니더라도 마찬가지로 응용할 수 있습니다. 예를 들어, 중요한 손님을 접대해야 하는 회사원이나 고객과의 커뮤니케이션이 중요한 서비스직에게 이러한 능력은 큰 도움이 됩니다.

나이를 먹고 성인이 되어 이런 능력을 개발하기란 사실 쉬운 일이 아닙니다. 그런 점에서, 우리는 자기 버릇의 전문가라고도 할 수 있을 것입니다. 다른 사람보다 특출난 전문영역을 하나 가지고 있다고나 할까요.

걱정에게 먹이를 주지 마라

여러분도 자신 내면의 어린아이에게 귀를 기울여 보세요. 그리고 그 어린아이에게 마음껏 뛰어놀아도 되는 장소, 나아가 두각을 드러낼 수 있을 만한 장소를 찾아주세요. 그러면 여러분 내면의 어린아이도 고약한 말썽꾸러기에서 기특한 영재가 될 수 있을 겁니다.

# '당연히' 해야 하는 일은 없다

## '당연히'라는 말이 인생을 피곤하게 만든다

제가 어렸을 때는 스마트폰 같은 것도 없었고, 텔레비전도 단 한 대뿐이라 집집마다 '채널 전쟁'이 자주 일어나곤 했습니다. 지금 생각해 보면 우스운 일이죠. 우리 집에서도 아버지와 자식들 간에 '채널 전쟁'이 종종 벌어졌습니다. 저와 제 형제들은 애니메이션을 보고 싶었죠. 그럴 때마다 아버지는 채널을 돌리며 항상 이렇게 말씀하셨습니다.

"어른은 뉴스를 봐야 해."

지금 생각해 보면, 아버지는 뉴스를 보고 싶었던 게 아닐지도 모릅니다. 그냥 애니메이션에 관심이 없었을 뿐이죠. 그때까지만 해도 다 큰 어른이 애니메이션을 보는 건 유치하다는 인식이 강하게 남아있었으니까요. 그래서 뉴스를 봐야 한다는 그럴싸한 이유로 포장해 애니메이션을 보는 일만은 피하고자 했던 게 아닐까요.

한편 아버지는 이외에도 "신문을 읽지 않는 사람은 어른이 아니다"라고도 말씀하셨습니다. 그런데 이런 말을 계속해서 듣다 보면 '아, 어른이 되면 꼭 뉴스를 봐야 하는구나'라는 생각을 갖게 됩니다. 고정관념이죠. 그래서 저 또한 언젠가부터 '어른이 되면 당연히 신문이나 뉴스를 봐야 한다'라고 여기게 되었습니다.

하지만 뉴스나 신문이 정말로 모든 사람에게 필요한 것일까요? 물론 뉴스나 신문이 가져다주는 이로움은 이루 말할 수 없습니다. 내가 살고 있는 곳에서 무슨 일이 벌어지고 있는지 아는 것은 중요할뿐더러, 큰 이익이 되죠. 그런데 그런 정보가 꼭 필요하지 않거나, 읽으면서 스트레스를 받는다고 느끼면서도 뉴스를 꼭 봐야 한다고 생각하는 건 조금 이상한 일입니다. 뉴스를 접함으로써 얻는 손해가 이

익보다 더 크기 때문이죠. 남들이 아무리 좋다고 해도, 결국 나에게 이익이 되지 않으면 아무 소용이 없는 것인데 말입니다.

특히 요즘엔 주변에서 "우울한 뉴스를 보고 있자니 자꾸만 불안하고 답답해요"라고 말하는 사람들이 많습니다. 특히 자극적인 보도를 접하는 경우 더 심합니다. 아무리 세상 돌아가는 일이 중요하다지만, 살인 사건에 관한 보도를 여러 번 듣고, 용의자가 어떤 사람인지 상세히 아는 것이 과연 얼마나 필요한 일일까요? 이런 보도로 불안감을 느끼거나 기분이 나빠진다면 오히려 안 보는 것만 못합니다.

이 밖에도 세상에는 너무나 당연한 일처럼 여겨진 나머지, 실은 자신에게 큰 스트레스를 주면서도 본인은 그것을 인식하지 못하는 고정관념이 상당히 많습니다. 예를 들어 딱히 자격증이 필요도 없고 좋아하지도 않는 사람이 '멋진 사람이 되려면 자격증 하나는 있어야지'라는 고정관념을 가진 경우가 있습니다. 이런 사람은 그 일을 할 수 있는 능력이 아니라 '자격증' 여부에만 매달립니다. 이런 사람은 동기의 뿌리가 얕으므로 자격증 공부를 시작해도 오래 가지

걱정에게 먹이를 주지 마라

못합니다. 결심하고 포기하기를 반복하다가 결국 좌절하고 자신의 나약함을 탓하게 되죠.

모든 사람과 사이가 좋아야 한다고 생각하는 사람도 마찬가지입니다. 물론 사람들과 좋은 관계를 유지하며 사는 것도 중요합니다. 하지만 '사람들과 좋은 관계를 유지하는 것'과 '모든 사람과 사이 좋게 지내는 것'은 다른 문제입니다. 사람은 저마다 생각이 다르기 때문입니다. 때문에 '사이좋게 지낼 수 있는 사람'도 있고, '사이좋게 지내기 어려운 사람'도 있습니다. 당연한 이치입니다. 그런데도 누군가와 관계가 틀어졌을 때 무조건 자신을 탓하는 사람이 있습니다. '내가 더 잘했어야 했다'라면서 말입니다. 이 역시 스스로를 괴롭히는 고정관념입니다.

## 나를 괴롭히는 '당연히'를 찾아라

저를 가장 불행하게 만들었던 고정관념은 '일'에 대한 고정관념이었습니다. 인생의 대부분을 일본의 고도 성장기와 함께해 온 아버지는 항상 이렇게 말씀하셨습니다.

"월급은 힘든 걸 참는 대가로 받는 거야."

"직장에서는 싫은 일도 당연히 해야 하는 거야."

그런 말을 듣고 자란 저는 자연스레 이와 같은 고정관념을 갖게 되었습니다. 물론 아버지도 나쁜 의도로 말했던건 아니었겠지만요. 하지만 제게는 싫은 일을 참고 버틸 능력이 부족했기에 크게 마음고생을 했고, 회사를 여기저기옮겨 다녀야만 했습니다.

저는 지금도 아버지가 한 말이 어떻게 보면 맞는 말이라고 생각합니다. 하지만 이제는 꼭 그렇지만도 않다는 것을알게 되었습니다. 그리고 사람이 참을 수 있는 일에는 한계가 있다는 것도 알게 되었습니다. 다시 말해 저는 제가 가졌던 생각이 자신을 좀먹는 고정관념이었다는 사실을 깨달았습니다.

일은 곧 힘든 것이라는 고정관념을 벗어나자 '재밌는 일'이라는 길이 보였습니다. 내가 재미를 느끼는 영역에서 직업활동을 할 수도 있다는 사실을 알게 되었고, 결국 심리상담가라는 직업을 만나게 되었습니다. 만약 그렇지 못했더라면아직도 여러 직장을 전전하고 있었을지도 모릅니다.

걱정에게 먹이를 주지 마라

그렇다고 해서 제가 '지금 직장을 때려치우고 당장 좋아하는 일을 시작하라!'라고 부추기는 것은 아닙니다. 이것은 어디까지나 저의 사례니까요. 당신에겐 삶을 힘들게 하는 당신만의 고정관념이 있을 겁니다. 그것을 찾아내는 방법을 지금부터 소개해드리려 합니다.


## 고정관념을 부수는 질문은 의외로 단순하다

저는 제가 하는 일에 어느 순간 불편함이나 압박감이 느껴지면 스스로 물어봅니다.

**'이것을 하면 나는 행복해질 수 있을까?'**

예를 들면 이렇게 말입니다.

'이 뉴스를 보면 나는 행복해질 수 있을까?'

'이 신문을 읽으면 나는 행복해질 수 있을까?'

'이 일을 참고 계속하면 나는 행복해질 수 있을까?'

너무 단순한 질문이어서 평소에는 좀처럼 던지지 않는 질문이죠. 하지만 이 질문에 대한 답은 사람마다 다릅니다. 뉴스를 봐야 행복한 사람도 있고, 보지 않는 편이 행복한 사람도 있습니다. 신문을 읽어야 행복한 사람도 있고, 읽지 않는 편이 행복한 사람도 있습니다. 똑같이 힘든 일이라도 받아들일 수 있는 사람도 있고, 도저히 받아들이지 못하는 사람도 있습니다.

지금 당신을 불편하고 힘들게 하는 일이 있지 않나요? 과연 그 일이 정말 당신을 행복하게 만들어 줄 일인가요? 이런 질문을 꼭 던져 보기 바랍니다.

# 7장

# 걱정으로
# 내 배를 불리는 법

# 받아들이면
# 편해진다
**01**

## 고민은 해결하지 않으면 사라지지 않는다

지금이야 이렇게 책을 쓰며 마치 대단한 사람이라도 된 양 떠들어 대고 있지만, 이런 저 또한 불과 몇 년 전까지만 해도 항상 머리를 복잡하게 만드는 고민들로 인해 하루하루 힘겨운 삶을 살고 있었습니다.

저의 가장 큰 문제는 직장을 쉽게 그만둔다는 것이었습니다. 지나치게 예민한 성격 탓에 잘 버티지 못하고 금세 도망치고는 했습니다.

쉽게 회사를 그만두고 여기저기 옮겨 다닌 전적 때문에

서류 심사를 통과하는 것도 갈수록 어려워졌습니다. 가끔 운 좋게 면접까지 가더라도 일관성 없이 여러 일터를 전전한 이유에 관해 날카로운 질문을 받아야만 했습니다. 심지어 어떤 면접관은 면접 도중에 저에게 화를 내고 혼을 내기도 했죠.

그렇게 몇 개월 동안 실패를 반복하면서 저는 점점 자신감이 떨어졌고, 부정적인 인상을 풍기는 사람이 되어 갔습니다. 나중에는 간단한 아르바이트 면접에서조차 떨어지는 최악의 상황까지 겪게 되었습니다.

이런 상황이 반복될수록, 저는 점점 '나는 아무것도 할 수 없는 인간이다'라는 생각에 빠지기 시작했습니다. 이렇게 부정적인 생각에 사로잡히자, 일을 한다는 것 자체가 두려워지기까지 오랜 시간이 걸리지 않았습니다. 나중에는 구인 광고를 보는 것조차 힘들어졌습니다. 급기야 구직 사이트를 보는 것만으로도 몸이 경직되고 복통이 생길 정도였습니다. 어렵게 구인 광고를 보더라도, 참담한 생각밖에 들지 않았습니다.

'내 경력으로 지원할 수 있는 곳이 없어.'

'내가 이런 일을 어떻게 하겠어.'

'못 버틸 거면 나가라는 나쁜 회사면 어쩌지?'

'지원해도 어차피 떨어질 텐데……'

이런 변명만 늘어놓으며 지원도 하지 않은 채 도망치기에 바빴습니다.

그리고 결국에는 대낮부터 술을 퍼마시며 잠을 자는 생활에 빠졌습니다. 제정신으로 있기가 두려워서 절망감으로 하루하루를 보냈던 겁니다. 무려 1년 4개월 동안 매일 그렇게 살았습니다.

당시 저는 '나는 이제 취업이 안 될 거야. 이대로 사회에 나갈 기회를 잃고 자살하게 될지도 몰라' 하는 생각을 했습니다. 그러면서 자신의 존재가 세상에서 사라질지도 모른다는 두려움에 떨었습니다. 밤에는 종종 가위에도 눌렸습니다.

그러다 보니 어느새 서른여섯이란 나이가 되어서도 인쇄 공장에서 아르바이트를 하면서 생계를 유지하고 있었습니다. 몸이 둔했던 저는 거기에서도 제 역할을 하지 못해 20대 초반의 아르바이트생에게 "멍청하긴!", "그만두고 집에나 가!"라는 말을 들어야 했습니다. 그런 말을 들어도 대꾸도 한마디 못 하고 기죽은 채 일했죠.

당시에 저를 알던 친구는 "이제는 시간이 흘렀고 다 괜찮아졌으니까 말하지만, 그때는 정말 네가 그대로 죽어 버리는 게 아닌가 싶어 걱정했었어"라고 말할 정도였습니다. 저도 힘들었지만, 주위 사람들도 그런 저를 어떻게 대해야 할지 몰라 난처했을 것입니다.

이때를 포함해 제가 사는 것이 힘들다고 느꼈던 기간은 거의 20년에 달합니다.


## 마음은 힘들지만 병원에 가기는 싫은 사람들에게

그렇게 힘든 시간을 보낼 때도, 저는 마음의 병을 고치기 위해 전문가를 찾아간 적이 없었습니다. 친구에게 불안한 마음을 털어놓은 적은 있었지만, 전문적인 상담을 받아야겠다는 생각은 전혀 하지 못했습니다.

왜 그랬을까요? 사회적인 분위기 때문이었습니다. 우리 사회는 마음의 병을 가지고 있더라도 전문가에게 처방이나

걱정에게 먹이를 주지 마라

상담을 받을 생각을 하지 않는 경우가 많습니다. '더는 이대로 살 수 없다'라고 느낄 정도로 절박한 상황이 아니면 말입니다. 저 역시 매우 괴롭고 힘든 상황이었음에도 불구하고 '이 정도 고민으로 병원에 갈 정도는 아니다', '상담을 받으면 왠지 내가 정신병에 걸린 것 같아서 싫다'라고만 생각하며 병원이나 전문 기관의 도움을 받기를 꺼렸습니다.

하지만 혼자서 발버둥을 쳐 봤자 문제를 해결할 돌파구는 전혀 찾을 수 없었습니다. 결국, 저는 20년 동안이나 걱정과 불안을 끌어안고 혼자 힘든 시간을 보내야만 했습니다.

마음의 병을 고치기 위해서는 자신에게 마음의 병이 있다는 사실을 자각하고 인정해야 합니다. 인정하지 않고 숨기기만 하면 제아무리 뛰어난 전문가라 하더라도 도울 수 없습니다. 물론 자신이 마음의 병을 앓고 있다는 사실을 인정하기란 쉽지 않습니다. 어디부터가 병이고 병이 아닌지를 파악하기도 매우 까다롭죠. 그래서 어떤 사람들은 그 애매한 경계선상에서 버티고 버티며 하루하루를 살아갑니다. 마치 제가 20년 동안 그래 왔던 것처럼요.

저는 이렇게 '자신이 문제를 가지고 있는지도 모르는 것'

이야말로 정말 시급한 문제라고 생각했습니다. 그래서 이번 장에서는 저와 같은 고민을 안고 있는 분들에게 몇 가지 생각 요령을 알려드리고자 합니다. 이 생각 요령은 여러분이 스스로 마음속의 문제를 발견하는 데 도움이 될 것입니다.

# 걱정은
# 마음의 감기다

**당신은 고민이 없는 게 아니라 참고 있는 것이다**

말했다시피 전문가로부터 마음의 병을 진단받은 것은 아니지만, 병인지 아닌지 모를 경계선에 서서 힘겹게 버티고 있는 사람들이 꽤 많을 것입니다.

물론, 이들이 정말로 아무런 고민도 없이 살아가는 것은 아닙니다. 이들은 **하루하루 괴로움을 억누르며 살아가지만, 남들이 보기에는 큰 고민이 없어 보이는 사람**입니다. 스스로도 이 정도면 사는 데 큰 고민은 없다고 생각하기도 합니다. 밖으로 티가 나지 않는 것이죠.

그렇다면 이런 사람들은 과연 어떤 문제를 가지고 있을까요? 그것은 바로 우울한 기분이 만성화된다는 것입니다. 딱히 엄청난 마음고생을 하는 건 아니지만, 결코 기분이 좋다고는 말할 수 없는 상태로 하루하루를 살아가는 거죠. 그 정도야 별것 아니라고 생각하기 쉽지만, 사실 이는 절대로 얕보아서는 안 될 문제입니다.

예를 들어, 고민으로 인해 회사에 못 가게 되거나 오랫동안 외출도 하지 않고 집에만 틀어박힌 사람이 있으면 주위 사람들이 이상함을 감지하고 전문 기관에서 상담을 받도록 권유합니다. 또 당사자도 '이런 상태라면 전문가를 만나는 편이 좋겠다'라고 생각해 전문가를 찾습니다. 다시 말해, 다른 사람들의 도움을 받을 기회가 있다는 것입니다.

반면에, 티가 나지 않는 사람은 다른 사람의 도움 없이도 어떻게든 혼자서 삶을 꾸려 나가기 때문에 주위 사람들이 그 사람의 힘든 사정을 알지 못합니다. 그러다 보니 본인 역시 전문가에게 상담을 받아야겠다는 생각을 하지 못하게 되고, **다른 사람의 도움을 받을 수 있는 기회를 잃고 고립되고 맙니다.**

그 결과 티가 나지 않는 사람은 혼자서 고민을 끌어안은 채 '생활에 지장이 있을 정도는 아니지만 좋지 않은 상태가 지속되는 상황'에 빠지게 됩니다. 마음의 급성질환이 아니라 마음의 만성질환이 생기는 것이죠.

즉, **고민이 가볍다 보니 오히려 고민에게 오랫동안 괴롭힘당하는 아이러니한 상황**이 발생하는 것입니다. 저는 이처럼 힘든 상황을 참으며 상담을 받으러 가지 않는 사람일수록 더욱 세밀한 도움이 필요하다고 절실히 생각합니다.

## 인생을 저공비행하는 사람들에게

철새는 다음 목적지로 출발할 때 맨 처음 단숨에 높은 고도까지 날아오릅니다. 그러면 그 후로는 날개를 활짝 펼치고 있기만 해도 바람을 타고 이동할 수 있습니다. 만약 그렇게 하지 않고 저공비행을 하게 되면 계속 날개를 퍼덕거려야 합니다. 해수면 가까이에서는 바람의 저항이 강하기 때문이죠. 이러면 목적지에 도착하기도 전에 힘이 다 빠져 버리고 맙니다.

저는 티 나지 않는 사람들이 저공비행을 하는 철새와 비슷하다고 생각합니다. 이들은 아직 물에 빠지지는 않았지만 날고 있는 고도가 낮기 때문에 항상 강한 바람의 저항을 받게 됩니다. 그러니 힘이 다 빠져 버리기 전에 서둘러 고도를 높여야 합니다.

하지만 고민이 없는 사람은 자신이 처한 상황의 심각성을 깨닫지 못합니다. '어쨌든 하루하루 살아가고는 있잖아? 이 정도 고민은 상담받을 필요 없어'라고 간단히 일축해 버리는 것이죠.

저 역시 한때 이런 생각을 하던 사람이기 때문에, 상담소를 개업했을 때 일부러 '고민이 없는 사람들의 고민 상담소'라는 간판을 내걸었습니다. '별거 아닌 고민이어도 당신이 힘들다면 상담받으러 오세요'라는 뜻으로 말이죠. 사소한 고민도 고민이라는 사실을 알리고 싶었다고나 할까요?

작은 병을 제때 치료하지 않고 방치하면 큰 병이 되듯, 사소한 고민도 방치하면 큰 고민이 될 수 있습니다. 요즘 들어 '행복하다'라는 생각을 해본 지 오래 됐다면, 한번 자기 마음의 소리에 귀를 기울여 보세요. 자기도 모르게 만성화

되고 있던 내면의 아픔을 발견할 수 있을지도 모릅니다.

문제를 인식하는 것은 매우 중요합니다. 어떤 문제는 그 것을 인식하는 순간 해결되기도 하니까요. 인식하지 못한 문제는 해결할 수도 없습니다. 누군지도 모르는 상대는 이 길 수 없는 것처럼요. 부디 제가 알려드리는 방법을 통해 여러분이 자기 마음속의 문제를 발견하고, 변화를 향해 발 돋움할 수 있기를 바랍니다.

# 못난 나도
# 껴안아줘야 한다

## 고민을 적으로 돌리지 마라

사람들은 대부분 자신에게 문제가 있다는 사실을 용납하지 못합니다. 자신의 문제점을 발견하면, '그게 무슨 소리야!', '그럴 리 없어!', '이것만 없었으면!'이라면서 자신의 문제점을 무시하거나 배제하려 합니다. '이건 그냥 잠깐 동안만의 문제일 뿐, 원래 나는 그렇지 않다'라고 생각하는 거죠.

요컨대 사람들은 '나는 정상이야'라고 생각하고 있습니다. 그런데 이런 생각을 한 꺼풀 벗겨 보면 **'내가 비정상이**

걱정에게 먹이를 주지 마라

**어선 안 돼!'라는 강한 강박**을 발견할 수 있습니다. 자신의 문제를 무시해버림으로써, '비정상인 나'를 시야에서 치워버리려 하는 것입니다.

물론 그런 방식으로 문제가 사라지는 경우가 있기는 합니다. 그런데 만약 그렇게 했는데도 문제가 해결되지 않을 때는 어떻게 해야 할까요?

그럴 때 사용해야 할 방법은 따로 있습니다. 바로 자신의 문제점을 인정하는 것입니다. 앞의 방법과는 완전히 반대되는 방법이죠.


## 자신의 문제점을 인정하는 것부터 시작하자

그렇다면 자신의 문제점을 인정하는 것이 어떻게 문제 해결로 이어지는 것일까요? 먼저, 고민이 왜 생기는지부터 생각해 봅시다. 이해를 돕기 위해 예를 들어보겠습니다.

경영자는 여러 조직원을 통솔하는 리더의 위치에 있는 만큼 고민이 많습니다. 경영자마다 고민의 종류는 다양하지만, 사실 그 시작은 동일한 경우가 대부분입니다. 이들의 고민은 바로 '자신의 약점을 인정하지 못하는 것'에서부터 출발합니다.

경영자란 리더십을 발휘해야 하는 자리입니다. 그래서 평소에도 강하고 카리스마 있는 모습을 내보이기 위해 노력합니다.

하지만 경영자도 사람이기 때문에 분명 약점이 있기 마련입니다. 그런데 막상 자신의 약점이 드러나도 항상 강한 모습을 보여주는 게 익숙하다 보니 쉽게 자신의 약점을 인정하지 못합니다. '내가 그럴 리 없어'라며 자신의 약점을 피하거나 무시하려고 하죠. 그러면 배척당한 약점은 자신의 존재를 어필하기 위해 그 사람의 마음속에 더 큰 문제를 일으킵니다.

이러한 과정을 통해 다양한 고민이 생기게 됩니다. 이를 그림으로 표현하면 다음 페이지에 있는 그림과 같습니다. 여러분의 고민을 떠올리며 화살표를 따라가 보세요. 자신의 상황과 닮아 있다는 걸 발견할 수 있을 겁니다. 이처럼 **고민은 자기 자신의 어떤 부분을 무시하거나 싫어하는 것에서 시작됩니다.**

## 고민이 발생하는 과정

인정하기 싫은 부분을
인정하지 않고
의식적으로 무시하려 한다.  무의식은 의식이 방치한
일을 계속 유지하고
더욱 드러내려 한다.

그 결과
인정하기 싫은 부분이
강하게 존재감을 드러낸다.  의식 vs 무의식
사이의 대결에서
무의식이 강하다.

고민이 더 커진다.

## 고민의 존재를 알아주는 것

그렇다면 우린 어떻게 해야 할까요? 바로 **그 문제 또한 나의 일부로 인정해야 합니다.**

고민이 자라서 겉으로 드러나는 이유는 당신에게 자신의 존재를 어필하기 위해서입니다. 혹여 그것이 인정하고 싶지 않은 자신의 문제점이더라도 존재를 인정해 주면 상황은 잠잠해집니다. 그리고 이는 자신의 성장으로도 연결될 수 있습니다.

예를 들어, '자신감을 더 키우고 싶은데 잘되지 않는다'라는 고민을 가진 사람이 있다고 가정해 봅시다. 이런 사람은 남들 앞에서 쭈뼛거리고 당황하면서도 '내가 지금 왜 이러고 있는 거지? 이러면 안 돼. 내 진심은 이게 아니야'라며 자신의 감정을 무시하고, 배제하려 할 것입니다.

하지만 그렇게 생각하지 않고, 반대로 자기 내면에 있는 '자신감 없는 나'의 존재를 인정해 보십시오. 그렇다고 '자신감 없는 대로 살아라'라는 말은 아닙니다. 그저 속으로 '내가 지금 긴장을 많이 했구나. 그럴 수 있지.'라고 말하기만 해도 됩니다. 그러면 당신의 고민은 '드디어 내 존재를 인정받았구나'라며 잠잠해질 것입니다.

이것이 '고민은 이웃사촌처럼 서로 협력하는 관계다'라는 사고방식입니다. 많은 사람이 '고민은 싸워 이겨야 하는 적'이라고 생각하지만, 실은 정반대입니다.

제가 심리상담을 공부하면서, 가장 크게 놀랐던 순간이 바로 이 사실을 배우면서였습니다. 그동안 자신의 문제점을 감추고 지우는 것이 옳다고 생각했었는데, 심리상담에서는 완전히 반대로 생각해야 했습니다. 돌이켜보면 고민으로 힘들어하던 시절 저는, 자신의 문제점을 인정하고 나면 나락으로 굴러떨어질 것이라고 두려워했습니다. 그래서 외국어나 자격증 공부 등을 통해 그런 문제를 잊으려 했죠. 하지만 실제로는 별다른 효과를 보지 못했습니다. 오히려 제 마음이 편해지고 문제가 풀리기 시작했던 건 '기질이 예민하고 눈치를 많이 본다'라는 약점을 인정하면서부터였습니다.

여기서 오해하지 말아야 할 점은 자신의 문제점을 숨기고 고치려 하는 것이 반드시 나쁜 것만은 아니라는 점입니다. 그런 방식으로 고민을 극복하고 성장해 나갈 수 있다면 전혀 문제가 되지 않습니다. 하지만 그런 방식으로 해결되지 않는데도 계속해서 같은 방식을 고집한다면 그것은 좋은 대책이 아닙니다. 이것이 고민을 잘 다루지 못하는 사람들이 하는 잘못된 방법입니다. 밀어서 안 열리면 당겨 보라는 말을 무시하고 계속해서 밀기만 하는 것처럼요.

시도한 방법으로 안 되면 다른 방법으로 해보면 됩니다.

자신의 문제점을 감추는 방법이 통하지 않으면 반대로 자신의 문제점을 인정하는 방법을 사용하면 됩니다. 같은 목적지로 가는 길도 다양할 수 있는 것처럼요.


## 가끔은 부정적인 사고방식도 필요하다

자신의 문제점을 인정함으로써 마음이 편해진 내담자의 사례를 소개하고자 합니다. 제 상담소를 처음 찾아왔을 당시, 그분은 30대 여성 직장인이었습니다(편의상 E 씨라고 하겠습니다).

E 씨는 '자신이 어떤 사람인지 잘 모르겠다'라는 고민에 시달리고 있었습니다. E 씨는 자신이 어떤 것을 좋아하는지, 무엇을 하고 싶은지 잘 몰랐습니다. 간혹 좋아하는 일이나 하고 싶은 일이 생겨도 금방 흥미를 잃어버리거나, 정말 자신에게 잘 맞는 일인지 고민하느라 마음을 많이 썼습니다.

여러 차례 깊은 이야기를 나눠 본 결과, 저는 이러한 문제의 원인이 그녀와 어머니와의 관계에 있다고 생각했습니다. E 씨는 어렸을 때부터 하루가 멀다 하고 어머니로부터 친할머니와 고모에 대한 험담을 들어야 했습니다. 고부간의 문제뿐 아니라 부부 사이 등 가족 내에서 다양한 인간관계 문제를 겪어야 했던 E 씨의 어머니는 자식을 자신의 세계로 끌어들여 지배하려고 했던 것입니다.

그뿐만 아니라 E 씨 자신도 학교 성적이 좋지 않으면 "쓸모없는 자식"이라는 말을 들어야 했고, 집에 돌아오면 매일 어머니가 직접 내는 숙제를 풀어야 했습니다. 어느 날은 E 씨가 또래들 사이에서 인기인 연애 소설을 읽고 있는 모습을 보자, 그녀의 어머니는 "그딴 거 말고 제대로 된 문학 작품을 읽어!"라며 허리띠로 E 씨를 때리기까지 했습니다. 그러다 보니 E 씨는 항상 자신이 하고 싶은 일보다는 어머니가 원하는 일을 해야만 했습니다.

그러나 어머니의 입맛에 맞춘다고 E 씨가 편해질 수 있는 것은 아니었습니다. 하루는 E 씨가 어머니의 의견에 동조하여 맞장구를 치자, 어머니는 되레 "다른 사람이 하는 말에 휩쓸려 다니면 안 돼!"라며 화를 냈다고 합니다.

당시 E 씨는 거의 매일 밤 절벽에서 떨어지는 꿈을 꾸었다고 했습니다. 청소년기가 되면서 E 씨의 고민은 더욱 깊어졌습니다. 어머니는 매일 부정적인 말과 잘난 척하는 이야기만 늘어놓았으며, E 씨의 일거수일투족은 그런 어머니의 기분에 따라 좌지우지되었습니다. 그러다 보니 자연스레 학교 친구들과의 관계도 제대로 형성되지 못했습니다. 다른 사람의 장단에 맞추는 일이 너무나도 피곤하고 힘들게 느껴졌기 때문입니다.

대학생이 된 E 씨는 모처럼 동아리에 들어가기도 하고 친구도 생겼지만, 해가 거듭될수록 마음의 괴로움은 커져만 갔습니다. 크나큰 돌이 가슴을 짓누르고 있는 듯한 느낌마저 들었습니다. 집으로 돌아가는 길에 갑자기 눈물이 나는 일이 셀 수 없이 많았으며, 먹은 음식을 일부러 토해내기까지 했습니다. 시간이 흘러 취업을 준비할 때는 자신의 장단점조차 제대로 말하지 못했고, 심지어 자신이 살아 있다는 것이 잘못된 일이라고 느껴져서 손목을 긋기까지 했습니다.

결국, E 씨는 어머니란 존재를 견디지 못해 도망치듯 집을 뛰쳐나왔습니다.

걱정에게 먹이를 주지 마라

하지만 그런 E 씨를 처음 보았을 때, 저는 전혀 그런 기색을 눈치채지 못했습니다. 반듯하고 예쁜 외모에 말투도 무척 사근사근해, 겉으로 보기에는 그렇게 큰 고민을 안고 사는 사람처럼 보이지 않았습니다. 상담표만 봤을 때는 평범하게 대학을 졸업한 뒤 취직해서 일하다가 결혼했고, 결혼 후에도 계속 회사에 다니는 등 여느 30대 여성의 모습과 다를 바 없었으니까요.

E 씨 또한 저를 찾아오기 전까지는 상담을 받으러 다니기는커녕 친구들에게조차 자신의 힘든 상황에 대해서 거의 말하지 않았다고 했습니다. 그저 혼자 묵묵히 인내하며 살았던 것입니다. 그러니 다른 사람들이 E 씨의 괴로운 마음을 눈치채지 못하는 것은 당연한 일이었겠지요.

하지만 E 씨 자신은 너무나 힘든 삶을 살고 있었습니다. 어릴 때부터 계속해서 자연스럽게 느낀 생각과 감정들을 부정당한 탓에 자신이 무엇을 좋아하고 싫어하는지조차 제대로 알지 못했습니다. 그로 인해 E 씨는 일상생활에서 아주 조용한, 그러나 아주 격렬한 괴로움을 겪어야 했습니다.

저는 긴 시간에 걸쳐 그런 E 씨의 이야기를 들어주며,

다음 세 가지 생각법이 그녀의 내면에 자연스럽게 자리잡을 수 있도록 노력했습니다.

**'내가 느끼는 기분은 언제나 옳다.'**
**'나의 약점은 나의 일부일 뿐이다.'**
**'자신의 문제점을 인정한다.'**

시간이 지나며 E 씨가 이러한 생각법에 익숙해지자, 그녀의 생활은 조금씩 달라지기 시작했습니다. 가장 먼저 일어난 변화는 직장에서 확인할 수 있었습니다. 어느 날 출근을 마친 E 씨는 사무실에서 전과는 조금 다른 분위기를 느낄 수 있었다고 했습니다. 어색하고 불편했던 평소와 다르게 조금 편안했고, 전보다 자연스러운 분위기였다고 합니다. 아마 E 씨 자신의 마음이 바뀌었기 때문일 것입니다.

그 뒤로 E 씨는 자신에게 스트레스를 주었던 동료와도 편하게 말할 수 있게 되었습니다. 그것은 E 씨가 자신의 마음속에서 '이 사람은 나랑 잘 안 맞는다'라는 무의식이 있다는 사실을 솔직히 인정하게 되었기 때문입니다.

걱정에게 먹이를 주지 마라

E 씨는 상담을 받기 전까지 이 사실을 인정하지 못했고, 당연히 동료라면 두루두루 친하게 지내야 한다는 생각에 사로잡혀 있었습니다. 그래서 더욱 무리해서 친하게 지내고자 했고, 그 과정에서 생기는 크고 작은 불협화음이 그녀의 마음을 더욱 힘들게 만들었죠.

그런데 '이 사람하고는 잘 안 맞아'라는 솔직한 마음을 인정하고 나니 마음이 편해졌다고 합니다. 둘 사이에 문제가 생겨도 '뭐, 원래 잘 안 맞는 사람이니까'라고 생각하니 마음 편히 넘어갈 수 있었습니다. 이뿐만이 아니라, 오히려 그 동료와 사이가 더 원만해졌다고 합니다. 관계에 대한 부담감을 내려놓자, 상대방에게도 더 자연스럽고 편안한 분위기로 다가갈 수 있었기 때문입니다. E 씨는 그 동료에게서 "요즘 참 상냥하네, 무슨 좋은 일 있어?"라는 얘길 듣고 깜짝 놀랐다고 합니다.

한편 껄끄럽기만 했던 시어머니와의 관계도 점점 좋아지기 시작했습니다. 몇 차례 상담을 거친 후 E 씨는 시어머니 생신에 "저랑 함께 클래식 음악회에 가실래요?"라는 이야기를 꺼냈습니다. 사람과의 관계에서 매번 도망치기만 했던 그녀로서는 아주 용기 있는 행동이었습니다.

이 권유는 E 씨에게 있어 아주 뜻깊은 일이었습니다. 그녀는 지금까지 상대가 좋아하는 것을 골라 선물하기 위해 신경을 썼는데, 이번엔 태어나서 처음으로 자신이 좋아하는 클래식 음악회의 입장권을 선물한 것입니다. 그 순간 그녀는 언제나 다른 사람의 취향에 맞출 필요만은 없다는 사실을 깨달았다고 했습니다. 자신이 좋아하는 것 또한 좋은 선물이 될 수 있음을 알게 된 것이죠. 이웃들에게 '며느리와 함께 음악회에 간다'라며 자랑하는 시어머니의 모습을 보며 그녀는 정말 기뻤다고 합니다.

그뿐만 아니라 E 씨는 원망스럽기만 했던 어머니에게도 조금씩 다른 감정을 품을 수 있었습니다. 물론 순식간에 어머니와 사이가 좋아졌다는 얘기는 아닙니다. 겨우 몇 차례의 상담만으로 그런 마법 같은 일이 일어날 수는 없으니까요.

E 씨는 그간 어머니의 직업을 무시했습니다. 아마도 어머니에 대한 원망이 굴절되어 직업에 대한 무시로 나타난 것이겠지요. 하지만 E 씨는 점점 어머니가 하던 일을 객관

걱정에게 먹이를 주지 마라

적으로 바라보고 마음을 열기 시작했습니다. 저는 그 김에 E 씨에게 어머니가 하던 일에 대해 공부해 보는 것을 추천했습니다. 그러자 E 씨는 아주 편안한 얼굴로 참 좋은 생각이라며 미소를 지었습니다.

자신의 감정을 혼자서도 객관적으로 파악할 줄 사람은 그녀의 이러한 변화가 별거 아닌 일처럼 느껴질지도 모릅니다. 하지만, 어릴 때부터 자신의 감정과 생각을 부정당하며 살았던 E 씨에게 이 같은 변화는 상상조차 할 수 없는 일이었습니다. 마지막 상담이 끝났을 때, 그녀는 도저히 풀릴 것 같지 않던 저주가 풀린 것 같다며 밝게 웃었습니다. 조용하고 차분하면서도 어쩐지 주눅 들어 보였던 첫인상과는 완전히 달라진 모습이었습니다.

보통 고민을 털어놓으면, "더 긍정적으로 생각해!"라고 조언해 주는 사람들이 많습니다. 하지만 그렇게 긍정적으로 생각할 수 있는 사람이라면 애초에 남에게 털어놓을 만큼 고민을 키울 일도 없었을 것입니다.

저는 이렇게 생각합니다. 긍정과 부정 중 어느 한쪽에만

치우쳐진 사고방식은 좋지 않다고요. 정말 중요한 것은 둘 사이의 균형입니다. 이를 위해서는 자기 내면에 존재하는 부정적인 마음을 바로 볼 줄 알아야 합니다. 긍정적인 나도 나, 부정적인 나도 나입니다. 이런 태도야말로 제가 말하고자 하는 '자신의 문제점을 인정하기'의 기본입니다.

다시 말해 '고민을 잘 다루지 못하는 사람'은 무리하게 긍정적인 생각을 하기보다, **자신의 부정적인 부분을 받아들이는 것이 먼저**입니다.

# 고민하는 자에겐 꿈이 있다

"제 자신을 새롭게 발견하는 하루였습니다."

"앞으로 긍정적이고 적극적으로 살 수 있는 힘을 얻었습니다."

"희망의 빛을 처음으로 느꼈습니다."

무엇에 대한 감상일까요? 모두 제게 상담을 받은 사람들의 감상입니다. 고민 때문에 상담을 받으러 온 분들이 쓴 글이라고는 볼 수 없을 정도로 밝은 감상 내용이지 않습니까?

이들이 이렇게 밝고 활기차게 변할 수 있었던 이유는 놀랍게도 이들의 고민 덕분입니다. 고민이란 사실 '가능성'을 가리키고 있기 때문입니다. 사람들은 자신이 어찌할 수 없다고 생각하는 것에 대해서는 고민하지 않습니다. 그러므로 고민하고 있다는 것은 마음 깊은 곳에서 '난 더 잘할 수 있다'라는 믿음을 가지고 있다는 증거입니다. 단지 그것이 잘 안 풀리고 있을 뿐이죠.

즉, 고민 때문에 머리가 아프다는 건 당신에게 충분한 가능성과 에너지가 있다는 의미입니다. 다음은 당신의 그 에너지를 조금 다른 방향으로 향하도록 하면 됩니다. 그 일을 돕는 것이 저 같은 상담사의 일입니다.

'고민이 없는 사람들의 고민 상담'이라는 간판을 세운 탓인지 실로 다양한 고민을 가진 분들이 찾아와 이야기를 들려줍니다. '직장을 그만둬야 할까, 말아야 할까'하는 고민, '지금 이대로 괜찮을까?'라는 미래에 대한 불안, 마음에 들지 않는 자신의 성격, 삐걱거리는 인간관계, 좀처럼 고쳐지지 않는 나쁜 습관, 용기를 잃고 자신만의 공간에 틀어박힌 사람들의 답답함, '사는 게 즐겁지 않다'라는 막연한 고민,

걱정에게 먹이를 주지 마라

'특별한 고민은 없는데…'라고 운을 떼는 사람까지.

이렇게 다양한 고민을 가진 사람들이 저와의 상담을 마친 후 원래의 자신을 되찾아 가는 모습은 몇 번을 봐도 정말 감동적입니다.

몇 년을 망설이기만 했던 이직을 극적으로 해낸 사람, 자신이 하는 일이 텔레비전이나 신문에 보도된 사람, 미래를 생각하면 답답하기만 했는데 이제는 의욕이 넘친다는 사람, 업무 실적이 오른 사람, 직장 생활이 두려워 일을 못 했는데 다시 일을 시작하게 된 사람, 외로운 인생을 살다가 처음으로 희망이 보인다는 사람. 가족을 진정으로 사랑하게 된 사람, 이유는 알 수 없지만 계속 미소가 지어진다는 사람….

변화된 내담자들의 모습을 보면서 상담자인 저도 많은 것을 배우고 성장할 수 있었습니다. 사실, 고마움을 표시해야 할 사람은 다름 아닌 저입니다. 지난 20년간 힘든 삶을 살아왔던 저이지만, 지금은 천직을 만나서 정말로 행복합니다. 내담자분들이 아니었다면 저도 이런 행복을 얻지 못했을 것입니다.

마지막으로, 이 책을 읽어주신 여러분들이 꼭 기억해주셨으면 하는 한 문장과 함께 긴 글을 마무리하고자 합니다.

**'고민은 당신의 꿈을 보여 주는 나침반입니다.'**

마지막까지 읽어주신 독자분들께 진심으로 감사드립니다. 다른 기회에 다시 만날 수 있기를 기대합니다.

**걱정에게 먹이를 주지 마라**
正しく悩む技術:「なんとなく…つらい」あなたを救うヒント

1판 1쇄 발행 2023년 10월 30일
1판 3쇄 발행 2024년 04월 11일

지은이  스기타 다카시杉田 隆史
펴낸이  이부연
총괄디렉터  백운호
책임편집  유인엄
디자인  데시그, 푸른나무디자인

펴낸곳  (주)스몰빅미디어
출판등록 제300-2015-157호(2015년 10월 19일)
주소 서울시 종로구 새문안로3길 30, 세종로 대우빌딩 916호
전화번호 02-722-2260
인쇄·제본 갑우문화사
용지 신광지류유통

ISBN 979-11-91731-55-2 03190

한국어출판권 ⓒ (주)스몰빅미디어, 2019

# "나를 힘들게 하는 삶의 모든 문제는 심리학의 법칙으로 설명할 수 있다!"

## 동화 속에 숨겨진, 세상에서 가장 재밌는 심리학!

## 동화 속 주인공에게 배우는 심리학 법칙

- 왕자가 단 몇 분 만에 신데렐라에게 반한 이유 … 헤일로 효과
- 박쥐가 간에 붙었다가 쓸개에 붙었다 하는 이유 … 닻 내림 효과
- 개미가 현재보다 미래의 행복을 선택한 이유 … 만족 지연의 법칙
- 인어공주가 왕자에게 버림받고 물거품이 된 이유 … 만족자의 법칙
- 벌거벗은 임금님에게 아무도 진실을 말하지 못한 이유 … 동조 효과

## 동화를 꿀꺽해버린 꿀잼 심리학
# 심리학이 이토록 재미있을 줄이야

— ·— 류혜인 지음 —· —